U0499186

安徽省农民工家庭化迁移研究

秦立建 陈 虹 刘士栋 / 著

中国财经出版传媒集团

经济科学出版社
Economic Science Press
北京

图书在版编目（CIP）数据

安徽省农民工家庭化迁移研究／秦立建，陈虹，刘士栋著． -- 北京 ：经济科学出版社，2024.7. -- ISBN 978 - 7 - 5218 - 6125 - 9

Ⅰ. D422.64

中国国家版本馆 CIP 数据核字第 2024DB6873 号

责任编辑：李　雪　袁　澂
责任校对：易　超
责任印制：邱　天

安徽省农民工家庭化迁移研究
ANHUISHENG NONGMINGONG JIATINGHUA QIANYI YANJIU
秦立建　陈　虹　刘士栋　著
经济科学出版社出版、发行　新华书店经销
社址：北京市海淀区阜成路甲 28 号　邮编：100142
总编部电话：010 - 88191217　发行部电话：010 - 88191522
网址：www. esp. com. cn
电子邮箱：esp@ esp. com. cn
天猫网店：经济科学出版社旗舰店
网址：http：//jjkxcbs. tmall. com
固安华明印业有限公司印装
710×1000　16 开　17.25 印张　182000 字
2024 年 7 月第 1 版　2024 年 7 月第 1 次印刷
ISBN 978 - 7 - 5218 - 6125 - 9　定价：86.00 元
（图书出现印装问题，本社负责调换。电话：010 - 88191545）
（版权所有　侵权必究　打击盗版　举报热线：010 - 88191661
QQ：2242791300　营销中心电话：010 - 88191537
电子邮箱：dbts@ esp. com. cn）

前　言

安徽省统计局数据显示，2022 年全省农民工总量 1996.6 万人，超过总人口数的 30%，其中省外流出农民工 1264 万人，占据了全省农民工总数的绝大部分。农民工的大规模迁移是城镇化快速发展的重要推动力，但以个体流动为主的乡城迁移方式导致农民工家庭离散化程度加深，留守儿童及留守妇女问题严重，阻碍了农村人口生活水平的提高和家庭功能的发挥。现阶段的农民工流动具有非永久性，大量"候鸟式"迁移的农民工往返于城乡之间，难以真正地融入城市，在一定程度上降低了城镇化的质量。《"十四五"新型城镇化实施方案》指出："坚持把推进农业转移人口市民化作为新型城镇化的首要任务。"家庭化迁移是农民工市民化的"加速器"，其通过促进农民工家庭团聚、改善代际流动性以及带动家庭成员共享城市优质资源等方式有效弥合了个体独自迁移的局限。因此加快推动农民工家庭化迁移，对于市民化和城镇化提质增效具有重要意义。

本书基于安徽省流动人口动态监测数据和安徽省农民工

家庭调查数据，从流入地和流出地的双重视角出发，将迁出地农民工的个体特征、家庭特征、就业特征以及迁入地的社会经济特征、制度因素等纳入考察范围，运用 Probit、Logit 和 IV–Probit 等计量模型，实证分析了安徽省农民工获取城镇居住证的影响因素、进城落户的影响因素以及家庭化迁移的影响因素，切实了解农民工在市民化和家庭迁移的过程中所面临的阻力与动力，并提出了针对性的政策建议，以期为政府社会政策的制定提供有价值的参考。

本书的主要发现有：第一，安徽省农民工家庭化迁移趋势明显；第二，居住证制度对农民工的家庭化迁移具有政策推动效应；第三，迁入地的社会保障制度能够显著促进农民工的家庭化迁移；第四，教育人力资本对农民工的家庭化迁移有着正向推动作用；第五，住房可负担性影响农民工城镇落户；第六，提高医疗资源可获得性有利于农民工城镇落户；第七，人力资本积累对农民工获取居住证和进城落户的推动作用显著；第八，农民工的家庭化迁移受到较高工作强度和非弹性工作的限制；第九，迁移距离是影响农民工家庭化迁移的关键要素，流入地与现住地距离越近，农民工越倾向于选择家庭化迁移；第十，农村权益显著影响农民工城镇落户和家庭化迁移，土地转让和宅基地退出能够推动农民工家庭化迁移。

为推动农民工的家庭化迁移和市民化进程，本书建议：第一，完善以居住证为载体的农民工家庭福利体系建设；第二，提高农民工家庭的社会融合度；第三，提升农村人口教育文化水平；第四，面向农民工开展大规模职业培训；第五，支持农民工多渠道灵活就业；第六，增加随迁儿童和老人的看护支出；第七，开发女性农民工的人力资源；第八，完善农村闲置宅基地有偿退出机制；第九，保障农民工平等参与社会保险；第十，建立以家庭为单位的农民工信息数据平台；第十一，优化农民工家庭的消费结构；第十二，建立农民工家庭城市生活成本分担机制；第十三，构建农民工家庭发展能力与发展政策评估系统；第十四，保障农民工随迁亲属的合法权益；第十五，加快土地流转制度建设。

作者

2024 年 6 月

目 录

第一章 引　言

第一节　研究背景及研究意义

　　"十四五"期间，伴随着我国以人为核心的新型城镇化战略的不断推进，农村外出务工的劳动力数量与日俱增。早期以个体流动为主的乡城迁移方式导致农民工夫妻两地分居，农村留守妇女不断增多，家庭成员离散化严重，青壮年劳动力的大量外流也导致了农村的空巢化和留守儿童现象加剧，阻碍了农村人口生活水平的提高和家庭功能的发挥。此外，经济层面的社会排斥和制度缺失使得众多"候鸟式"迁移的农民工徘徊于城市社会边缘，难以真正地融入其中，导致我国的农民工市民化水平严重滞后于城镇化发展。随着我国的人口流动进入新的发展阶段，农民工的迁移模式也发生了结构性的变化，家庭化流动趋势日益明显。举家迁移是农民工市民化的"加速器"，在一定程度上反映了农村外来务工人员较高的社会融合度和城市居留意愿。同时，家庭化迁移通过促进农民工家庭团聚、改善代际流动性以及带动家庭成员共享城市优质资源等方式有效弥合了个体独自迁移的局限。但农民工的举家迁移并非一蹴而就，仍有诸多不利因素阻碍着农民工家庭的完整迁移，这种现象在我国中部欠发达地区尤为突出。安徽省是人口大省，农民工数量庞大且流动性强，城市化发展迅速但水平较低，加快推动安徽省农民工的家庭化迁移，对于提升农民工的生活水平、促进城市化提质增速具有重要意义。

本书具有较强的实用价值。在实证分析安徽省农民工举家迁移影响因素的基础上提出了可行性建议，可作为政府制定公共政策的决策依据。本书更加关注农民工进城落户和家庭迁移的实际行为而非主观意愿，有效降低了"意愿—行为"转化的不确定性，研究结论具有更高的实践价值。同时，安徽省既是长江经济带的重要组成部分，又是我国人口大省和农民工输出大省，城镇化发展较快但水平较低，该省农民工的家庭迁移状况具有较强的代表性。研究安徽省农民工的家庭化迁移有利于加快农民工的市民化进程，提升农民工城市生活的幸福感和获得感，推动安徽省新型城镇化战略的实施和城乡融合的高质量发展。

本书具有较强的理论价值。在研究对象方面，鲜有研究单独考察安徽省农民工的家庭化迁移问题。有不少学者将东三省、京津冀以及珠三角等地区的流动人口作为研究对象，但关于我国重要的农民工输出大省安徽省的单独研究相对匮乏。在研究视角方面，以往研究多基于流入地视角，对外来农民工的家庭化迁移展开探究，而忽视了流出地的人口特征对农民工家庭化迁移的影响。本书在梳理现有文献和政策演变历程的基础上，使用安徽省流动人口动态监测数据和课题组关于安徽省农民工家庭的调查数据，运用 Logit、Probit 和 Ⅳ - Probit 等方法分析了农民工获取城镇居住证、进城落户以及家庭化迁移的影响因素，为学术界的未来研究提供了相应的理论支持。

第二节　研究目标及研究方法

一、研究目标

本书的整体研究目标是：基于安徽省城镇化发展较快但水平较低、农民工"候鸟式"迁移导致家庭离散化严重以及农民工市民化水平滞后于城镇化发展的现实背景，通过探究安徽省农民工在家庭化迁移过程中面临的现实问题，提出推动农民工实现市民化和家庭化迁移的方法建议。本书的具体目标如下：

第一，梳理农民工家庭化迁移的文献综述。在分析农民工迁移模式与发展趋势的基础上，梳理农民工举家迁移影响因素的相关研究、农民工迁移过程中家庭结构的变化及其影响的研究、农民工举家迁移对家庭福利及消费改善的研究、农民工举家迁移对市民化及社会融入的研究。

第二，研究农民工家庭化迁移的制度变迁。通过对新中国成立以来关于人口迁移和家庭化迁移的政策进行梳理，了解我国关于家庭化迁移的政策轨迹和制度环境，帮助农民工树立举家迁移的制度自信，提高农民工城市落户意愿和社会融合度，促进我国新型城镇化的高质量发展。

第三，研究农民工家庭化迁移的理论基础。通过识别本书的关键概念和具体研究问题，选择最适合本书的相关理论，了解本书已有的知识体系，确保选择的理论基础与研究问题和研究领域相一致，解释研究现象的产生原因和作用机制，并为研究过程和研究结论提供理论支持。

第四，研究安徽省农民工获取城镇居住证的影响因素。以安徽省小城镇流出的农民工为研究对象，关注农民工获取城镇居住证的实际行为结果，定量研究农民工获取居住证的影响因素，推动更多的农民工办理城镇居住证，不仅有利于促进农民工实现市民化，而且对于推进农民工的家庭化迁移有着重要意义。

第五，研究安徽省农民工家庭进城落户的影响因素。在我国倡导农业转移人口举家迁入城市的背景下，从农民工的个人特征、家庭特征、就业特征和流入地特征等方面探究影响农民工家庭进城落户的主要因素，能够在关注农民工实际落户行为的基础上，了解其在城市落户过程中受到的"推拉"作用。

第六，研究安徽省农民工家庭化迁移的影响因素。家庭化流动是农民工市民化的加速器，在一定程度上反映了他们较高的社会融合度和城市居留意愿，通过数据分析探究农民工举家迁移的影响因素，有助于突破现阶段安徽省农民工家庭迁移的困境，对于推动农民工家庭化迁移和市民化进程有着重要价值。

第七，提出推动安徽省农民工实现家庭化迁移的政策建议。在我国农村劳动力向城市转移的历程中，由于特殊的户籍管理体制，早期农民工家庭多采取部分成员外出、部分成员留守的策略。农民工的"候鸟式"流动与家庭离散的常态化，阻碍了其生活质量的提高和家庭功能的发挥，造成了一系列社会问题。通过深入分析安徽省农民工家庭化迁移的相关问题，从不同的角度提出可行的政策建议。

二、研究方法

第一，文献研究法。确立了本书的目标后，通过图书馆、档案馆等途径查阅关于家庭化迁移的文献资料，并在搜集相关信息、大量阅读期刊和论文的基础上，对现有研究成果进行分类梳理和总结概括，紧跟本领域的研究进展，围绕研究主题进行深入思考，为本书的实施奠定坚实基础。

第二，问卷调查法。课题组通过查阅中国知网、万方数据库等各大网站，结合相关资料，从农民工的个人基本信息、家庭情况、工作现状、生活状况、土地权益与农地流转以及对农村政策和公共管理的看法六个方面展开编写，最终制定出本次研究所需的调查问卷。调研区域覆盖安徽省的17个县（县级市）和4个区，最终获得6194份有效问卷，为本次研究提供了有力的数据支撑。

第三，实证研究法。本书的技术支撑是相关的计量分析方法，在实证研究过程中，利用安徽省流动人口动态监测数据和农民工家庭调查数据，运用 Probit 模型、Logit 模型和 Ⅳ－Probit 模型实证研究了个体特征、家庭特征、就业特征、流动特征和流入地特征等因素对获取城镇居住证、城市落户和家庭化迁移的影响。

第三节　拟解决的关键问题及创新之处

本书拟解决的问题：第一，安徽省农民工获取城镇居住证的影响因素有哪些；第二，农民工落户城镇的行为受到哪些因素的影响；第三，影响安徽省农民工家庭化迁移的推力因素和拉力因素有哪些；第四，如何推动安徽省农民工实现家庭化迁移。

本书的创新之处：第一，研究视角的创新。本书基于流入地和流出地的双重视角，综合分析农民工获取居住证、进城落户和家庭化迁移的影响因素。以往研究多从流入地视角出发，对外来务工人员的举家迁移进行讨论，而忽视了流出地的人口特征对农民工家庭化迁移的影响。本书将安徽户籍的农民工作为研究对象，探究流出地农民工的人口特征对家庭化迁移的作用效果。同时，本书也将流入地的社会经济学特征纳入讨论范围，考察了流入地的经济水平、医疗资源和社会保障制度等因素对农民工家庭化迁移的影响。第二，新颖的研究对象。在现有文献中，鲜有研究单独考察安徽省农民工的家庭化迁移问题。有部分学者将东三省、京津冀以及珠三角等地区的流动人口作为研究对象，但针对安徽省农民工的单独研究相对匮乏。安徽省是我国人口大省，城市化发展迅速但水平较低，农民工数量庞大且流动性强，省外流出农民工占据了全省农民工的绝大部分，安徽省是我国极具代表性的人口输出大省。由于不同区域的人口特征、经济发展水平和城市化进程等方面都存在巨大差异，已有的研究成果往往难以适用于所有地区，本书将安徽省地区的农民工作为研究对象，深入探究农民工的家庭化迁移问题。

第四节　研究框架及研究内容

第一，梳理农民工家庭化迁移的文献综述。首先，从宏观层面和微观层面梳理农民工家庭化迁移影响因素的相关研究，宏观层面的因素主要包括经济水平、公共政策和制度，微观层面的因素涵盖了个体特征、家庭特征和家庭生命周期。其次，梳理迁移过程中家庭结构的变化及其影响的研究，主要包括家庭迁移对随迁配偶、子女和老人的影响。再次，介绍农民工举家迁移对家庭福利水平、消费状况、市民化进程和社会融入影响的相关研究。最后，对现有研究成果和未来研究方向进行总结与展望。

第二，研究关于农民工家庭化迁移的制度变迁。通过回顾与分析我国农民工家庭化迁移的制度变迁，探索农民工家庭化迁移的宏观制度环境。新中国成立以来，农民工迁移的制度变迁先后经历了允许农村劳动力自由流动、严格控制农村劳动力流动、逐步放宽农村劳动力流动约束、完善管理和促进公平，以及健全制度和保障农民工合法权益五个阶段，政府对农民工问题的态度逐步由否定转为肯定，政策思路也发生了相应转变。

第三，研究农民工家庭化迁移的理论基础。通过介绍二元经济结构理论和推拉理论，解释农民工背井离乡的原因。迁移动机理论说明迁移决策是由迁移者对迁移收益和成本的预期结果决定的，而预期结果主要体现在期望收益改善、期望环境改善和期望从政府政策中获益三个方面。新经济迁移理论是对发展中国家人口流动现象的一种理论概括，对研究我国流动人口与城镇化问题具有十分重要的借鉴意义。

第四，研究安徽省农民工获取城镇居住证的影响因素。基于安徽省农民工家庭调查数据，在推拉理论的分析框架下，运用 Probit 模型和 Logit 模型，从个人特征、家庭特征、就业特征和社会特征四个方面考察安徽省农民工获取城镇居住证的影响因素，并探讨了新生代农民工与老一代农民工、男性农民工与女性农民工、家庭化迁移农民工与独自迁移农民工以及不同受教育程度农民工之间的差异。

第五，研究安徽省农民工家庭进城落户的影响因素。本书聚焦于农民工进城落户的实际行为，基于安徽省农民工家庭调查数据，在推拉理论的基础上建立理论研究框架，从流入地和流出地的双重视角出发，实证分析了农民工个体特征、家庭特征、就业特征以及流入地特征对安徽省农民工家庭进城落户的影响，并进一步讨论了新生代农民工与老一代农民工进城落户影响因素的差异性。

第六，研究安徽省农民工家庭化迁移的影响因素。基于安徽省流动人口动态监测数据，运用二元 Probit 和 Ⅳ – Probit 回归模型，实证分析个人特征、家庭特征、工作特征和流动特征等因素对安徽省农民工家庭化迁移的影响，运用工具变量法解决相关内生性问题，并将流动范围划分为跨省、省内跨市和市内跨县三种情况，进一步考察各种因素对农民工家庭化迁移作用的异质性。

第七，提出关于推动安徽省农民工家庭化迁移的政策建议。通过深入分析农民工获取城市居住证、进城落户和家庭化迁移的动力因素与阻力因素，结合农民工家庭化迁移的现实状况，提出完善以居住证为载体的农民工家庭福利体系建设、提高农民工家庭的社会融合度、建立以家庭为单位的农民工信息数据平台、开发女性农民工的人力资源、保障农民工随迁亲属的合法权益等政策建议。

本书的技术路线如图1-1所示。

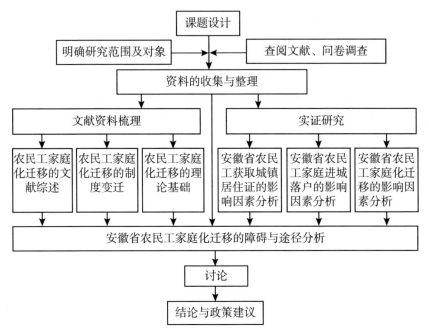

图1-1　本书的技术线路

第二章　农民工家庭化迁移的研究综述

近 20 年来，农民工以家庭形式举家进入城市务工、经商、生活的比例逐年增加，在北京、上海、广州、深圳等一线城市家庭化迁移趋势体现得更加明显。学者调研统计数据显示，农民工家庭化迁移总数总体上呈逐渐上升趋势。农民工为何选择迁移？农民工不远万里举家迁移在他乡生活工作的动因何在？学者们进行了不懈探究。从理论逻辑看，二元结构下劳动力转移的经典模型包括刘易斯模型（Lewis model）和托达罗模型（Todaro model），在这些经典模型中，引发迁移的主要因素在于经济发展水平的差距和城乡经济结构差异。其中，城乡收入差距对农村剩余劳动力迁移影响巨大，传统农业中的劳动力预期在城市非农产业中从业能获得比当前更高的收入，此时迁移行为就开始发生，并且迁移人数会逐渐增加，直到城乡劳动力边际生产效率均衡为止。

经典的迁移理论似乎对农村劳动力向城市迁移现象做出

了令人满意的解释，但是这些模型立足于个体理性视角，很少关注家庭框架下"利他性"的农民工迁移模式，将农民工迁移简单地理解为个体理性选择的结果，忽视了家庭伦理和社会道德等因素对农民工迁移决策的影响。新经济迁移理论则在家庭视角下，通过构建家庭效用函数，把家庭视为一个决策主体，在个体理性假设基础上，结合社会交互理论对家庭内部的利他行为进行合理解释。农民工举家迁移，其目的是采取主动和灵活的调整措施，避免外部障碍，抓住机遇进行改造和适应，进而增加家庭收入，缓解家庭借贷约束，实现家庭目标函数的最大化。

立足当下，我国大量农村劳动力迁入城市，成就了今日城市的繁荣。但是，城市并没有给予这些农民工家庭足够的回报，甚至未能提供足够的基础设施、教育资源、医疗资源等福利待遇。展望未来，农民工举家迁移成为农民工的主要迁移模式，并为新型城镇化、市民化创造了实现路径。同时家庭化迁移也引发了一系列新问题，值得认真讨论研究。本章尝试梳理了相关研究，以期向读者展现近20年来对农民工家庭化迁移的研究进展以及未来可能的研究热点与方向。本章结构安排如下：第一节为农村劳动力家庭化迁移宏观影响因素研究；第二节为农村劳动力家庭化迁移微观影响因素研究；第三节为农民工迁移家庭结构变化及影响研究；第四节为农民工迁移家庭福利及消费改善研究；第五节为农民工迁移市民化及社会融入研究；第六节为本章的结论和关于此项议题未来可以努力的方向。

第一节　农村劳动力家庭化迁移
宏观影响因素研究

一、经济层面影响因素

从理论层面分析农民工家庭化迁移的经济因素影响机制，城乡间经济发展差距和经济结构差异，对农民工迁移具有重要影响。经典刘易斯理论强调了不同经济部门间经济水平差距对劳动力转移的影响，揭示了城乡劳动力转移的内在机理。20世纪60年代，拉尼斯－费模型（Rains－Fei model，以下简称拉－费模型）对城乡二元经济模型进行了改进，提出当农村劳动力迁移后，必须提高农业劳动生产率，才能维持迁出劳动力的消费，因此把二元经济结构的演变分为三个阶段。

国内早期研究中，对于农民工的迁移模式，较多学者认为农民工的家庭关系模式以分居为主，因此研究内容主要聚焦在个人收入水平上。朱农（2002）发现城乡工资收入差距对农民工向城市迁移意愿具有显著正向影响，具体表现为农村居民收入越低，城市居民工资水平越高，农民工越倾向于进城务工。除了地区以及城乡工资水平差距外，我国农村居民可支配收入增长速度滞缓和地区科学技术禀赋不足也不同程度地影响农民工迁移意愿，具体表现为农村相对收入增速越慢、科学技术水平越低的地区农民外迁人数越多。程名望等（2006）指出，农村落后的技术水平构成了农民工迁移的推力，城镇先进的技术水平构成了拉力，农民工迁移的根本原因在于城镇工业技术的进步。蔡昉（1995）认为，新中国成立后我国实施了重工业优先发展的战略，在此战略下形成了城乡不同的产业结构和东多西少的人口分布格局。改革开放后，随着城乡之间、东西部地区收入差距逐渐扩大，以及工业边际投资报酬的提高，农民工不断向城市或沿海省份迁移，形成了城市繁荣、乡村凋敝的局面。不难看出，这一时期，学者是从宏观二部门经济视角研究农村劳动力向城市迁移，主要结论是城乡经济水平差距和工农经济结构差异促进了农民工迁移，并且大部分学者认为经济因素对于迁移决策具有显著影响甚至是根本动因。但是，此类研究将农村劳动力迁移视为一种个体为了适应宏观经济环境改变的被动式迁移，并且忽视了家庭这一决策框架，农民工迁移既受宏观经济环境影响，但更多的是家庭内部策略的主动调整，显然不能对以下问题做出合理解释，例如为何农民工要将工资汇回家中，哪怕家庭成员间"天各一方"，也要维持农村家庭的生产生活而不举家搬入城市？为何迁移人数最多的往往并非经济最贫困的地区？

随着农民工家庭化迁移成为主要的迁移方式，家庭收入水平对迁移决策的影响，日益受到学者的关注，学者逐渐从家庭收入这一框架研究农民工迁移的经济动因。在这类研究中，一部分学者认为，城市较高的工资水平，对农村家庭化迁移具有显著促进作用。刘燕（2013）发现，农民工家庭进入城市后在新的社会环境下，家庭劳动力职业收入对农民工家庭化迁移具有重要影响。宋锦和李实（2014）用户主收入水平代表家庭收入水平，同样认为农民工家庭户主在城市收入水平较高、就业条件较好，则会大概率携带妻子、子女迁入城市工作生活。高健和张东辉（2016）利用扩展的O－B分解结果对农民工迁移模式影响因素的相对重要程度及外部宏观环境政策的作用机制进行了阐释，实证发现，工资收入是农民工迁移模式选择的决定因素，并且外部宏观经济环境及政策对于城镇农民工的迁移模式有重要影响。陈良敏和丁士军（2019）发现家庭收入越高，农民工家庭越倾向于选择永久性迁移。

而另一方面，也有学者研究发现，工资水平差异对农村家庭迁移影响较弱或者并不显著。黄晨熹（2011）对苏州市的调查研究发现，经济因素对农民工家庭化迁移定居意愿产生边际显著但相对较弱的正向影响，农民工家庭化迁移决策既考虑收入水平，也会兼顾社会参与和社会融合程度等。梁土坤（2016）则认为家庭绝对收入对农民工家庭化迁移意愿的影响不显著，具体为就业类型、家庭人均月收入、住房公积金等能够表现农民工迁入城市后经济状况的指标影响不显著。李艳和齐亚（2022）研究发现，农民工家庭在迁入城市前期，城市收入水平对农民工家庭定居城市具有显著正向作用，但受到城市住房成本提高、子女教育阻力等其他因素影响，收入水平对于定居意愿的影响日益减弱。

由此可以看出，尽管学者对城乡经济差距对农民工家庭迁移影响关系和程度存在一定争议，但对于要在整个家庭收益－成本框架下研究城市经济因素对农民工家庭迁移的驱动作用，学者们达成了共识。造成上述争议的原因有以下几点：第一，家庭收入水平这一指标并不统一，有学者用家庭人均收入来衡量家庭收入水平，也有学者用家庭户主收入水平来替代家庭收入水平，后者具有一定的理论基础，在获取数据时相比前者更为准确容易，两种不同的衡量标准难免会导致结论的差异甚至偏误。第二，部分研究只看到了农村劳动力流出地的推力忽视了拉力，只看到了流入地的拉力忽视了推力。农村地区的家庭经济禀赋（宅基地、田地），以及地方政府经济政策倾斜等会构成流出地的经济拉力。城市地区的高物价、高房价以及医疗教育资源获取难度大等同样会构成流入地的经济推力。第三，忽视了相对收入水平对家庭迁移决策的影响，若农民工在同质人群的农村社区中拥有更多的资源禀赋、更高的收入水平、更体面的职业，也就是家庭人力资本更高，则会降低农民工举家迁移的概率。第四，随着我国全面建成小康社会，乡村振兴战略实施，城乡经济水平逐渐缩小，尤其是新生代农民工进城，城乡观念和家庭观念转变也影响着农民工的迁移决策，经济因素影响程度逐渐减弱。

二、制度和公共政策因素

近年来，学者们的研究重点开始转向我国二元城乡户籍制度和公共政策因素对农民工家庭化迁移的影响领域。陆铭和陈钊（2004）认为，我国农民工难以融入城市体系的根本制度障碍在于二元户籍制度的阻隔，地方政府为了经济发展和政绩提升，通常会采取向城市倾斜资源的政策，这进一步拉大了城乡间经济差距。与户籍制度挂钩的政策和管理方针，使进城农民工家庭未能享受公平的医疗、教育等公共资源服务，阻碍了城乡劳动力迁移。孙战文和张菡冰（2019）同样认为城市社会制度、政策和文化环境对农民工区别对待，都会对农民工家庭化迁移和城镇化产生负面作用。纪月清等（2010）认为农民工家庭难以迁入城市的原因在于我国城市社会医疗教育等福利保障体系与户籍捆绑、农村土地流转困难、城市住房高价等。肖倩（2016）研究发现户籍制度是农民工家庭迁移最重要的制度阻碍，在城乡二元分割的背景下，农村剩余劳动力不再遵循经济理论上的规律进行迁移。此外，户籍制度还会通过影响城乡经济、社保水平差距，对家庭迁移产生间接影响。

因此，学者认为通过改革二元户籍制度，并改善公共服务制度，能够促进农民工家庭化迁移。商春荣和虞芹琴（2015）指出目前农民工家庭在制度层面永久迁入城市的意愿并不强，原因在于城市社会福利保障和住房产权等对其吸引力不足，农民工家庭目前无法放弃农村户籍和宅基地产权，家庭成员教育、医疗和养老保障还依赖于农村。刘欢和席鹏辉（2019）基于实证发现，城市户籍制度附有"隐性"社会福利保障，在城市能获取到更多质量更高的社会公共资源，若破除由于城乡户籍制度而存在的公共政策约束，则可以促进农民工家庭迁移城市，减少迁入过程中的制度阻碍，增加城市劳动力的供给规模；另外，深化城乡统筹的财政体制改革才能破除城乡二元户籍制度约束，城乡应该建立"以人为本"的财政转移支付制度和公平的社会福利供给机制。张保仓和曾一军（2020）指出，农民工家庭户籍类型、城镇医保体系等因素会影响农民工家庭化迁移的决策。随着农民工家庭迁移的需求日渐多样化，流入地政府应该在流入地农民工劳动权益保障、社区服务等方面为流动农民工家庭创建良好的城市工作生活环境和公共资源供给制度体系。周静和高颖（2021）发现，农民工家庭流出地医疗、教育等公共服务供给制度不足，未能发挥人力资本效应，形成对农民工家庭化迁移的推力。在流入地，农民工家庭会受到优质社会保障服务的拉力以及家庭基本医疗教育服务的阻力，城市公共服务制度对迁入农民工的影响呈现倒"U"型关系。为有效促进农民工家庭化迁移，增加城市劳动力供给，促进城镇化工作实施，应加大流出地的财政转移支付力度，尤其是对基础教育和医疗卫生的投入。除此之外，应尽快破除城乡二元户籍制度下农民工家庭获取公共服务资源的障碍，优化公共服务配置，强调公平性。流出地与流入地之间应尽快实现信息互通，推进农民工迁移家庭信息交流和共享平台的建立。

综上，学者普遍认为我国捆绑在城乡户籍制度上的二元社会福利供给制度不仅不利于农民工家庭化迁移，更不利于农民工家庭的人力资本投资和积累，导致农民工家庭迁入城市社会融入、市民化进程缓慢。而解决上述问题的难点在于破除二元户籍制度约束、统筹城乡公共资源供给，这一观点得到了多数学者的认同，但学者对实现这一目标的措施及路径关注不足，尚缺乏政府统筹城乡家庭公共服务供给政策评估方面的实证研究。

三、非正式制度因素

在宏观层面，除了社会经济和制度供给因素会对农民工家庭化迁移产生影响，部分学者还探讨了社会道德和家庭伦理等因素的作用机制。在理论层面，潘允康（2002）指出，我国在传统文化、社会习俗和伦理道德约束下形成了稳定的乡土家庭观念和社会结构。家庭伦理能够调节农村家庭内部各成员间的亲疏关系，作为一种非正式的制度约束，其赋予了家庭成员各自的家庭责任，对每个家庭成员的行为具有规范作用。风笑天（2006）认为，家庭化迁移可使农民工家庭得以完整，农民工通过亲自"在场"的抚养和教育使自身家长地位和亲代身份得到巩固。我国法律不仅规定了父母的监护义务，对子女的行为道德进行教育也是乡村社会赋予父母的责任。若农民工个体迁移的状况下，父母缺少了这份"在场"的教育，则会降低其对自身作为父母身份合宜性的认同感，使农民工父母在履行子女的教养责任方面，产生乡村社会对其的伦理谴责压力。李强

（2012）指出，农民工采取非家庭化的迁移将会导致家庭的破裂，在工作生活中缺乏与家人的感情交流和来自家人的慰藉。虽然个体在外打工将收入汇入家中能改善家庭的生活状况，以此补偿家庭分离之痛，但这是建立在牺牲陪伴父母和教育子女基础上的，所付出的代价就是农民工个体无法履行陪伴配偶、抚养教育子女的责任，从而无法认清自身的家庭角色和社会角色。

近几年，学者们在农民工家庭化迁移领域也进行了实证研究。熊景维和钟涨宝（2016）实证发现，农民工对家庭团聚需求未满足程度的感知与其家庭化迁移意愿之间存在负向相关关系。这表明，农民工通过家庭化迁移，家庭成员得以团聚，努力巩固自身家长地位和亲代身份，以此缓解伦理道德的谴责压力，体现了非正式制度因素对农民工家庭化迁移的促进作用。苗海民和朱俊峰（2021）在实证研究中进一步发现，农民工在家庭随迁成员选择过程中，对子女、配偶和父母的随迁选择存在不同的决策模式。配偶随迁会对子女随迁和父母随迁意愿均产生正向的作用，其中对子女随迁意愿影响显著，对父母随迁意愿影响不显著。此外，子女随迁会挤占父母随迁的概率。因此，若建立经济理性分析逻辑，农民工对子女随迁表现出一种非理性的天性关爱。在城市农民工家庭资源禀赋有限的前提假设下，子女随迁会挤占父母迁移的空间，使农民工对父母的迁移表现出一种理性的经济决策逻辑。

国外有学者关注到了社区网络对迁移的影响作用，丹尼尔（Daniel，2023）从同辈迁移经历视角研究发现，社区网络是形成家庭迁移意愿的关键因素，海归群体是了解移民生活的主要信息来源。当出现大量家庭迁移者返回原籍地时，家庭迁移意愿会随之降低。接触海归会抑制迁移计划，因为潜在的移民会更加意识到迁移的风险，以及不成功返回所带来的社会耻辱。雅玛丽（Oyaimare，2023）则考察了尼日利亚埃多州农村家庭的国际移民模式，研究发现，一些家庭户主的信息特别参考了国际迁移者。信息来源主要集中在签证处理和获得居留、工作许可和就业机会。家庭和朋友、互联网和旅行社是家庭户主获取信息指导其国际迁移决策的多种渠道。来自农村家庭的移民通过合法或非法手段离开了祖国，他们选择移居国的一个关键因素是家庭成员或朋友的存在。

学者们逐渐对非正式制度因素展开研究，表明农民工在迁移决策过程中，既有实现自身或家庭利益最大化的理性"经济人"一面，也有出于对家人关爱的利他性"社会人"一面，传统文化、社会习俗和伦理道德对农民工家庭化迁移存在更深层次的影响机制。随着我国城镇化进程发展，农民工在家庭迁移选择中会更加注重精神文化和心理情感方面的需求。有学者指出，农民工对子女随迁是出于"天性"的关爱，对父母迁移是出于"理性"的选择，但现实中，选择子女随迁也可能出于为子女获取更加优质的教育资源考虑，这也可视为出于家庭教育人力资本投资，是一种理性选择；随着我国生育率持续走低，老龄化程度不断上升，农民工也可能迫于履行自身赡养老人、陪伴父母责任的压力，选择从城市返乡工作，这种对父母的爱是一种天性选择。因此，随着我国社会的发展，"经济人"和"社会人"的双重属性在农民工迁移主体上体现得越发明显，国内学者对此类问题研究尚少，有待进一步深入研究。

第二节　农村劳动力家庭化迁移
微观影响因素研究

一、个体层面影响因素

劳动力的个体特征是分析农民工家庭化迁移问题必须考虑的因素。少部分学者认为，农民工个体层面的特征对家庭迁移决策影响较弱或者并不显著。唐震和张玉洁（2009）发现，教育人力资本对农民工家庭迁移概率具有显著的性别差异，具体体现在男性农民工受教育程度越高，则采取家庭化迁移概率会提高，但这一特征的影响在女性样本和总体样本中体现并不明显。黄晨熹（2011）认为个人特征（性别、年龄、受教育程度）对农民工家庭化迁移意愿未产生显著性影响，这些变量可能被其他变量取代。商春荣和虞芹琴（2015）同样认为，个人特征、个人能力等因素对个人及家庭迁移没有显著影响。但家庭化迁移能带来家庭成员团聚，提高农民工工作效率，提高工作收入水平，以此间接提高农民工家庭化迁移概率。

大部分学者认为，农民工个体层面的特征对家庭迁移决策具有显著影响。周皓（2004）发现，农民工户主一些人口学特征对家庭迁移决策具有显著影响，具体为户主的个人特征几乎代表或替代了整个家庭的特征，户主的年龄、受教育程度和收入水平等人口学特征从根本上决定和影响了农民工家庭采取何种迁移模式迁移。因此，部分研究中将户主个人特征视为家庭整体特征的做法不仅具有理论基础，同样也符合现实中农民工的迁移决策。朱明芬（2009）发现，在影响农民工家庭化迁移的个人特征方面，受教育程度越高、从事非农产业时间越长，选择家庭化迁移的概率越大。高健和张东辉（2016）研究认为，在影响农民工家庭化迁移的因素中，农民工个体特征具有决定性作用。具体体现为，农民工年龄越大、文化程度越高、在城市务工时间越长，越倾向于采取家庭化迁移。王文刚等（2017）实证发现，个体层面的性别、婚姻状态、户籍属性、年龄、受教育程度等因素显著影响农民工家庭迁移状态。陈良敏和丁士军（2019）研究发现，个体层面的性别、婚姻状态、户籍属性、年龄、受教育程度等因素对农民工家庭迁移模式选择具有显著影响。但是农民工的个体差异对其家庭化迁移的意愿和实际行为影响机制与程度存在差异，其中人力资本存量指标如受教育程度、职业类型等因素能显著提升农民工家庭化迁移的意愿，然而实际迁移行为则主要受到性别、年龄、受教育程度等人口学特征影响。邹一南（2023）在实证研究中发现，自雇农村流动人口比受雇群体更倾向于选择举家迁移，其中影响机制是自雇就业通过城市独居和农村土地流转的农村家庭空间资源再配置机制实现。韦伯（Weber，2023）研究发现，在迁移动机方面，与教育迁移者相比，就业迁移者更有可能发生家庭化迁移。但是，教育迁移者会继续接受教育，并通过更大幅度的收入增长，最终赶上并超过就业迁移者。

综上，尽管学者们在个体特征对农民工家庭化迁移影响程度方面存在争议，但总体上个体特征的影响作用还是得到了大多数学者实证证实。争议存在的原因可能是因变量的选取，一部分学者选择农民工家庭迁移成员数量作为被解释变量，而另一部分学者选择了户主家庭迁移的意愿。而陈良敏和丁士军（2019）的研究表明，个体特征对农民工家庭迁移意愿和实际家庭迁移行为的影响存在差异，因此在结论上难免存在偏误和争议。另外，以下几点也值得关注：第一，学者普遍认为年龄与农民工家庭化迁移存在正向关系，这与现实存在一定不符。青年阶段的农民工，工资收入较低，也尚未结婚生子，非家庭迁移的模式更多；中年阶段的农民工自身收入水平较高，且子女正处于学龄阶段，更多选择家庭迁移，这一逻辑符合年龄与农民工家庭化迁移存在正向关系的结论。但是处在老年阶段的农民工，通常在城市从事工资收入较低的工作，子女完成了基础教育，这一时期，农民工可能没有意愿也没有能力实现家庭迁移，与上述结论矛盾，因此年龄对家庭迁移的影响可能存在倒"U"型特征。第二，受访者性别为女性对家庭化迁移具有正向影响作用，学者对其解释是，在家庭化迁移中女性通常作为户主的附庸，男性更加注重工作，女性更注重照顾子女承担家务，因此女性相比男性更易于形成家庭化迁移。但随着我国女性劳动参与率和经济贡献的提升，女性在家庭迁移决策中的角色和地位逐渐上升，但迫于工作和照顾家庭的双重压力，女性家庭迁移的意愿是否随之减弱，这一点值得深入研究。

二、家庭层面因素

在作出迁移决策过程中，家庭面对外部障碍时，并非一味被动适应外部环境，而是采取主动和灵活的调整措施，避免外部障碍，抓住机遇进行改造，进而增加家庭收入，减轻家庭借贷约束，实现家庭目标函数的最大化。学者们对家庭层面因素对农民工家庭化迁移影响机制进行了一系列研究。周皓（2004）研究发现，家庭成员数量对于农民工个体迁移存在正向影响作用，对其举家迁移的行为则存在负向抑制作用。当家庭成员数量越多，迫于抚养后代、赡养老人的压力则会促使个体的迁移。家庭成员数量越少，则农民工家庭举家迁移的成本越小，家庭化迁移的意愿越强。因此，赡养老人和抚养子女这两个因素对农民工家庭的迁移具有促进作用，老年人和子女的存在会提高家庭迁移成本，因此家

庭规模对农民工家庭化迁移决策具有重要影响。洪小良
（2007）调查研究发现，在影响家庭迁移的家庭因素方面，
农民工家庭处在劳动年龄的人数越多，则发生家庭化迁移
的概率越高。另外，农民工家庭经济社会禀赋越低，原籍农
村家庭人均耕种面积、流入地亲戚人数等因素对其家庭化
迁移影响越不明显。唐震和张玉洁（2009）则发现，农民
工家庭迁移模式选择并不会受到家庭规模和家庭属性的显
著影响，而是主要受到处在学龄阶段子女数量的影响。朱明
芬（2009）发现，家庭成员处于劳动年龄人数越多，则采
取家庭化迁移的概率越大；农民工家庭农村原籍家庭收入
水平越低，则选择家庭成员随迁的意愿越强。

邓曲恒（2013）发现，农民工家庭中处在劳动年龄
（31～45岁）人数占家庭成员人数的比例对其举家迁移意愿
具有显著正向促进作用；家庭人口规模的扩大会提高农民
工家庭迁移的成本，降低其家庭成员随迁的概率。高健和张
东辉（2016）则发现，农民工家庭特征层面的大部分因素
对家庭化迁移决策具有显著影响，而宅基地对其影响不明
显。具体体现为，家庭规模越大，实现家庭化迁移的成本越
高，抑制了家庭化迁移的概率；家庭处在劳动年龄人数越
多，则能获取外部收入越多，分散家庭内部借贷风险能力越
强，农民工举家迁移的意愿越强；农民工选择子女随迁一般
是出于亲自抚养教育的考虑，希望其在城市能享受到更优
质的教育资源，有更好的发展平台；农民工原籍家庭不动产
价值越高，资本性收入越多，则越难以割舍原有的不动产资

源，对其家庭化迁移存在抑制作用；宅基地因素对农民工家庭化迁移影响不明显，农民工一般不会考虑这方面因素的影响。

经过梳理上述文献可发现，学者们对农民工家庭层面特征对家庭迁移影响机制的研究结论高度一致，主要结论有以下三点：首先，家庭规模与农民工家庭化迁移间存在负向关系，家庭劳动力人数或劳动力人数占总人数比例与农民工家庭化迁移存在正向关系，这一关系主要是通过调节家庭迁移收益–成本来影响农民工家庭迁移决策；其次，家庭结构关系对农民工家庭化迁移存在代际差异，处于学龄阶段子女对教育的需求会促进农民工携子女迁移概率，家中老人的赡养负担会促进农民工个体的迁移，但会抑制其携父母迁移的意愿；最后，家庭经济资源禀赋，资本性收入对农民工家庭化迁移存在负向抑制关系，宅基地影响作用尚不明显，这可能是由于我国特殊的土地政策，宅基地无法自由流转使其无法得到市场定价，使得宅基地价值占家庭总资产比例较小，无法发挥家庭资本对农民工迁移的促进作用。因此，建立公平合理的农村家庭资产交易平台，促进家庭资本对农民工家庭化迁移，亟待相关研究关注和解决。

三、家庭生命周期因素

家庭生命周期所处的阶段对家庭迁移影响极大。国外对这方面的研究较为深入，例如，研究了家庭生命周期对家庭迁移福利、迁移家庭消费结构和迁移距离等的影响，形成了完善的家庭化迁移生命周期理论。国内则起步较晚，近年来，国内学者大多聚焦于对迁移决策影响的研究。

一部分学者从家庭外部研究了我国不同社会时期农民工家庭化迁移决策的代际差异。邵岑和张翼（2012）发现，农民工迁移距离、受教育程度等个人特征对家庭迁移决策具有代际差异，具体表现为，迁移距离对第一代农民工家庭迁移存在显著负向影响，而对第二代影响不显著。在受教育程度方面，第一代农民工受教育程度越高，家庭迁移的概率越高，受教育程度越低则越有可能携家庭成员迁移；而相较于第一代农民工家庭，第二代农民工家庭表现则相反，选择举家迁移的农民工受教育程度往往更高；另外，家庭经济特征、家庭户籍类型、年龄和流入地生活时间等因素对农民工家庭迁移则不存在代际差异。刘燕（2013）研究发现，新生代农民工家庭化迁移决策受到职业收入、外出务工时间、受教育程度以及社会保障制度等因素显著影响。具体表现为，外出打工时间越长，农民工对迁移城市依赖程度越高，其家庭迁移的概率会越高；职业收入越高则家庭化迁移意愿越强烈；受教育程度与家庭迁移紧密相关，且存在正向关系；社会保障制度更加优惠，获取难度越低的城市对农民工家庭迁移吸引力越强。另外年龄、婚姻状况和户籍类型则对家庭迁移决策影响不显著。孙战文（2013）发现，1988~2010 年，农民工家庭迁移表现出三阶段特征，而每个阶段影响家庭迁移决策因素存在代际差异，这主要与我国劳动迁移政策变化密切相关。但是，第二、第三代农民工家庭迁移决策差异较小，这表明年代趋势对第二、第三代农民工迁移家庭已经不再产生显著影响。农民工家庭中首个成员的个体特征不仅影响到其自身迁移意愿和行为，还影响和决定了家庭后续成员迁移的实现。

另一部分学者从家庭内部研究了家庭不同生命周期家庭化迁移决策的差异。孙林和田明（2020）认为目前我国农民工是以核心家庭结构进行迁移，当家庭处于新婚期或子女学龄阶段农民工举家迁移的意愿最大，当孩子步入适龄教育阶段，农民工家庭面临分离的概率增加，导致"留守儿童""空巢老人"等农村"空心化"社会现象持续，而随着家中子女学业结束或找到合适工作时，在城市通过家庭迁移实现家庭成员团聚的概率再次增加。周春山等（2020）研究发现，不同家庭生命周期农民工迁移决策存在差异性。其中，未育子女家庭中夫妻分居的比例较高，家庭化迁移的目的主要在于提高家庭经济收入，改善家庭生活状况；子女对农民工家庭迁移具有促进作用，父母出于对子女抚养教育考虑，核心家庭多以举家迁移为主；未婚者迁移离家距离逐渐变远，多采取个体式迁移，工作生活独立于农村原籍父母家庭。

综上，国内学者就家庭生命周期因素对农民工家庭化迁移影响机制进行了初步的探索，得出了一系列具有价值的研究结论：第一，我国农民工家庭化迁移决策具有代际影响程度差异，其中受教育程度的代际差异最大；第二，家庭成员个体的迁移通过家庭人力资本的积累具有一定外溢性，带动和促进其他成员随迁，家庭化迁移的概率提高；第三，不同家庭生命周期的迁移模式存在差异。

第三节　农民工迁移家庭结构变化及影响研究

一、对随迁女性的影响

随着农民工家庭化迁移规模不断扩大，迁移农民工女性占农民工群体比例不断提升。然而工作、抚养和教育子女等负担给这类女性群体造成了严重的身心健康、婚姻关系和家庭伦理负面影响，随迁女性成为家庭化迁移过程中利益受损最大的群体之一。女性一方面要与家庭共同面对外部务工城市物价、医疗、教育压力，另一方面要独自承担日常生活中家务和抚养教育子女的责任，随迁女性相较迁移前身心压力剧增。目前文献主要从经济学、社会学和人口学等角度对随迁女性工作职业状况、劳动权益保障和婚姻关系等方面展开研究，探讨了农民工家庭化迁移给随迁女性工作生活带来的一系列影响。

不少学者关注到，女性农民工群体处于城市劳动力市场的底层，农民工家庭随迁女性在城市生活存在较多问题与困难。李强（2012）发现随迁的农民工家庭主妇作为家庭迁移的附庸者，但在生活中不仅要外出劳动，还承担了全部的家务。与非家庭化迁移的女性相比，随迁女性因为抚养教育后代问题，在就业方面会受到更多歧视和制约，因此家庭化迁移女性的劳动供给率较低。卢海阳和钱文荣等（2013）认为随迁农民工女性同时扮演了"养家"和"扫家"的双重家庭角色，家庭化迁移显著影响了随迁女性的劳动供给行为。具体为家庭化迁移对随迁女性劳动参与率和劳动供给实践存在显著负向影响。农民工举家迁移并实现团聚是建立在牺牲女性经济独立地位基础上的。雷（Lei，2023）认为关于家庭化迁移的决策过程中，农村男性在迁移决策中起主导作用，而农村女性则是被动参与者。尽管责任增加，但农村女性在经济和心理上仍然依赖她们的丈夫。农村女性与农村男性的性别差异表现在对婚外恋的态度和观念上的不同，这揭示了农村男性的特权和女性的脆弱性。里昂（Leon，2023）探讨了暴力和不确定性如何影响墨西哥家庭迁移行为。一部分男性群体挑战父权的刻板印象，变得更有爱心，而另一部分男性则试图强化传统的性别角色。而女性则变得更加聪明，并试图与其他女性建立网络。男性移民失去空间所有权后，试图限制女性与其他人的接触，并试图将家庭与其他移民社区隔离，移徙妇女不仅经常受到在国内遇到的相同类型的暴力，同时在迁移以后还要面对新的暴力形式。瓦西尔（Vasil，2023）调查了家庭迁移中随迁女性生活和工作的不稳定状况，同样发现家庭迁移所带来的生活和工作的不稳定因素导致了家庭暴力的加剧。

一部分学者对随迁女性收入水平、工作时间以及就业质量和稳定性进行了研究。在收入水平方面，郝翠红（2018）发现，夫妻迁移方式对农民工迁移女性工资收入水平的影响程度并不显著，而核心家庭迁移方式对其收入水平具有显著负向影响。徐愫和田林楠（2016）实证研究则指出，无论是夫妻式迁移还是核心家庭化迁移，都对农民工迁移女性收入水平造成显著负向影响。在随迁女性劳动供给时间方面，宋全成和封莹（2019）认为与女性独自迁移方式相比，夫妻式迁移会显著增加农民工迁移女性劳动供给时间，而核心家庭化家庭迁移对其劳动供给时间影响不显著。在随迁女性就业质量方面，学者大多认为，随迁对女性的就业质量和稳定性具有负向效应。杨胜利和王艺霖（2021）研究发现，家庭化迁移对随迁女性从业稳定性具有显著负向影响，迁移女性会因为抚养教育子女以及承担家务劳动而放弃就业，其就业稳定性较差，失业风险相较于迁移男性显著提升。姜春云和谭江蓉（2021）发现，家庭化迁移会显著降低随迁女性就业质量，且在从事低端职业劳动的迁移女性中负面影响表现得更加突出。达米尼（Damini，2023）则认为，随迁女性选择作为学生、劳工迁移，通过工作技能获得城市正式身份或作为临时工，能更好地进入劳动力市场，同时兼顾家庭角色。

上述研究表明，家庭迁移对随迁女性的影响多以负面为主。家庭化迁移过程中，女性不仅要外出务工提高家庭收入水平和降低家庭经济风险，还要教育子女、承担家务劳动，增加了随迁女性的身心压力，家庭关系矛盾激化。相较于女性单独迁移，家庭化迁移对迁移女性劳动供给、工资水平、就业质量和稳定性等造成了显著负向影响，大大降低了随迁女性家庭经济地位。这既有社会对女性就业歧视方面的障碍，也有家庭化迁移因素的消极影响，这一问题亟待解决，农民工迁移女性的社会支持值得关注与研究。

二、对随迁子女的影响

农民工子女是否随父母迁居城市，不仅会影响到农民工的个人和家庭福利，也影响着子女的教育、成长与发展。部分学者关注了家庭化迁移中的收入代际影响。独旭和张海峰（2018）指出，农民工家庭化迁移中，子女数量显著影响了亲代的经济和决策。具体表现为，子女数量对亲代收入和消费水平存在显著抑制作用。曾永明（2020）则实证发现，子代随迁对父亲的工资水平存在一定促进作用，但对母亲存在显著负向影响。因此其将农民工家庭化迁移收入代际关系总结为"父惠母损"，即子女随迁对代际收入的影响具有性别异质性，农民工家庭化迁移的福利改善是建立在牺牲母亲工资收入基础之上的。梁（Liang，2023）在研究中发现，在农村流动人口家庭迁移决策中，学龄儿童性别不平等依然存在，学龄女孩被带到城市的可能性低于男孩。与城市居民有更多社会交往的农民工父母更有可能把孩子带到流入地。他还讨论了公共政策的作用，发现在城市公立学校对外来务工人员子女"禁止收取额外费用"的政策出台多年后，外来务工人员子女，尤其是来自农村地区的外来务工人员子女，在进入城市和进入当地城市公立学校方面仍面临各种挑战。

在家庭迁移对随迁子女影响方面的研究中，学者们则聚焦于探索促进子女随迁的因素。檀学文（2014）认为，社会经济水平持续稳定发展和健全劳动力市场能显著提高农民工子女随迁的概率，从而实现农民工家庭团聚。雷万鹏和徐璐（2016）发现，家长个人特征、社会经济背景、流动类型、家长对教育政策的感知等因素对其子女随迁选择有显著影响。此外，也有学者关注到了留守子女、随迁子女、城市子女间认知能力水平（智力）的差异。闫伯汉（2017）发现，农民工随迁子女一般比农村留守子女拥有更高的认知水平。这一认知水平的提升是通过家庭化迁移改善农民工家庭生活状况、随迁子女入城转校机制等实现的。对于留守子女而言，其认识水平差距与父母教育缺失无显著相关关系，而主要是由于家庭人力资本贫乏以及就读地教育资源和质量的低下。然而，随迁子女的认知水平仍然整体低于城镇本地儿童，这主要是受到自身家庭条件和阶层约束，即家庭化迁移对子女认知水平提升效应有限。王（Wang，2023）发现，随家庭迁移的学龄儿童自伤行为频率低于农村留守儿童，家庭功能水平较高的儿童往往表现出较低的自伤频率，青少年自伤的预防和干预策略应以改善家庭功能为重点。韦伯（Weibo，2023）发现，男孩因教育随父母迁移的概率更大，主要原因在于中国社会对男孩的偏好。同时，与父母一起移徙的儿童不太可能在城市地区接受更好的教育。由于农村"撤点并校"，儿童因教育需要被迫迁移。

三、对随迁老人的影响

在我国家庭化迁移和老龄化趋势背景下，农民工迁移家庭老人的各方面问题得到了社会和学界的重视。有关随迁老人的研究最早出现于周皓（2002）的人口学研究，刘晓雪（2012）、姚兆余和王鑫（2010）、李珊（2010）等在社会学研究领域内将流动迁移的老年群体界定为"老漂族""随迁老人""移居老年人"等。2014年，国家提出"以人为本"的新型城市化理念，在城市化和老龄化双重压力之下，农民工家庭化迁移中随迁老人生活、养老和医疗等问题亟待解决。

一部分学者关注随迁老人的精神状况、心理健康及其影响因素。于晓娜和刘春文（2018）发现农民工家庭随迁老人患焦虑抑郁的概率显著高于城市居民老人。刘庆（2018）的调查研究同样表明城市本地老人心理健康状况明显优于家庭迁移的老人。刘庆和陈世海（2015）基于调查实证发现，个体人力资本、家庭人力资本、社会资本显著影响农民工家庭随迁老人的心理精神健康。张月（2017）发现个体特征、城市设施和生活环境等因素对农民工家庭随迁老人心理健康影响显著。

也有学者关注农民工家庭随迁老人社会融入的问题，具体为其在社会融入过程中面临在心理、生活、社会关系及社会环境等方面的困境。姚兆余和王鑫（2010）研究发现，农民工迁移家庭老人生活方式较为单一，缺少社交和娱乐活动参与及对所在社区的认同归属。李立等（2011）的研究表明，农民工家庭随迁老人在城市社区中交友范围有限以及社会网络狭隘，总体上与新社区融入程度较低。张新文（2014）指出农民工家庭随迁老人面临城乡文化习俗差异与城市排外情绪，存在缺乏社区交往和身份认同问题。农民工家庭随迁老人社会融入的困难并不在于老人自身个体特征或主观意愿，而根本原因是宏观制度、社会观念、文化习俗存在隔阂。因此，学者们从不同角度给出了相应政策建议，如许加明（2017）指出实施城乡统筹的户籍制度改革，引导舆论消除对农民工随迁人员的偏见，打破城乡文化隔阂，帮助家庭随迁老人社会化，促进农民工随迁老人的社会融入。

此外，学者研究随迁老人社会支持的相关问题，发现社会对农民工家庭迁移老人支持力度不足，老人普遍存在社交网络单一、经济支持不足等问题。王丹丹（2017）认为，社会支持显著影响农民工随迁老人幸福感和身心健康，而由于迁移所带来的朋辈群体支持缺乏，会让随迁老人产生失落感。段良霞（2018）研究发现，目前农民工家庭随迁老人所获社会支持多为家庭成员的非正式支持，非正式支持通常效果较差，而城乡二元户籍制度成为老人获取社会支持的主要障碍。李芳燕（2017）研究认为，农民工家庭随迁老人所获社会支持主要有三类，服务支持最多，其次为物质支持，情感支持最少。三类支持皆能显著影响随迁老人提高幸福感，其中情感支持的贡献度最高。利弗西奇（Liversage，2023）在研究土耳其向西欧迁移家庭中发现，有老人随迁的移民家庭的数量正在增加。在照料老人方面，不同家庭采取了不同的照料方式。一些家庭沿用传统的土耳其习俗来照顾老人和孩子，三代人住在一起，媳妇是主要的照顾者。另一些家庭则遵循丹麦的做法，依靠公共保障服务。在一些家庭中，子代也会求助于公共护理机构来分担照顾父母的负担，然而，来自年长父母的抵制可能会阻碍这一策略的实施。综上，学者就农民工家庭迁移老人的照顾问题展开了相关研究，此类研究主要集中在随迁老人生活福利、健康水平、社会融入以及社会支持方面，主要结论如下：首先，家庭迁移显著影响随迁老人生活福利和健康水平，并且影响效果通常是消极的；其次，家庭随迁老人融入新社区困难，生活方式单一，缺乏社交网络；最后，在社会支持方面，我国对随迁老人社会支持不足，尤其是情感支持缺乏。在社会老龄化背景下发达国家的流动老年群体主要受到个体特征、居住条件、社会环境和养老服务等因素影响，且迁移方向多为自然、乡村地区。而我国农民工家庭化迁移老人则面临城市化和老龄化双重背景，其迁移主要受到家庭、社会、文化和制度等客观因素影响，迁移方向多为子女居住的城市，这具有一定的特殊性和复杂性。我国对农民工迁移家庭随迁老人的研究尚处于起步阶段，研究内容多聚焦在城市老人的养老困境，并且基于系统性、理论性文献研究，缺少有效政策评估的实证研究。我国农民工家庭随迁老人的家庭代际关系，老年群体的劳动供给、就业质量、工资水平以及劳动权益保障问题值得深入探讨。

第四节　农民工迁移家庭福利及消费改善研究

一、迁移家庭福利改善研究

随着我国工业化、城市化进程不断加快，农民工家庭化迁移比例不断攀升，探讨农民工家庭迁移对其生活福利改善的研究日益增多，还有研究探讨了家庭化迁移对农民工幸福感影响机制。有学者认为，家庭化迁移对农民工幸福感存在负向影响，尹木子（2015）认为，迫于庞大的家庭规模和紧张的家庭关系压力，农民工不得不提高工作强度，从而导致工作满意度和积极性降低，不仅影响身心健康，也降低了家庭工资收入。因此家庭化迁移降低了家庭幸福感。但也有学者认为，家庭化迁移对农民工幸福感存在正向促进作用，陈素琼和张广胜（2017）发现，相比农民工个体独自迁移，农民工家庭化迁移规模越大，在携配偶、子女和父母随迁时，农民工生活幸福感得到显著提高。查姆基（Chumky，2023）研究发现，家庭迁移能显著改善农村家庭受大规模季节气候变化、自然灾害的适应性，缓解灾害造成的家庭财产和人身安全威胁。另外，丈夫的年龄和受教育程度、家庭收入来源的可获得性、接受贷款、灾害史和迁移史等变量对适应行为的影响最为显著。

也有学者指出，上述对家庭化迁移影响农民工幸福感研究，其使用计量模型缺乏内生性讨论，即家庭化迁移能提高农民工幸福感，而如果农民工在城市工作生活顺利也可能促进其携家属一同迁移，反之亦然。因此，由于内生性问题，可能存在结论的偏误，最后形成相互矛盾的观点。祝仲坤等（2019）通过减少遗漏变量，加入控制变量，一定程度减少内生性后发现，与省内迁移相比，跨省式的家庭迁移显著降低了农民工幸福感。家庭化迁移的农民工生活幸福感知度高于单独迁移的农民工。存在上述现象的原因在于，社会网络是影响农民工家庭迁移幸福感的主要机制，省内迁移以及家庭化迁移的农民工社会交往机会更多，融入社区难度较低，生活幸福感更高。

除了主观幸福感受研究以外，近年来学者越来越重视家庭迁移对农民工带来的身体与心理健康方面的问题。商越和石智雷（2020）研究发现，近距离以及短期家庭化迁移的农民工心理健康状况不佳，但是随着家庭迁移时间的增长，则心理健康问题会逐渐改善。远距离家庭迁移的农民工社会融入程度低，城市的歧视和排外令农民工缺乏城市认同感和归属感，因此家庭迁移对其心理健康具有显著负向影响，并且随着迁移时间延长，负向影响效应不会减弱。褚清华（2023）在实证研究中发现，相比于非家庭化迁移，半家庭化迁移和完整式迁移对流动人口健康均有显著促进作用，并且家庭完整度同自评健康显著正向相关，家庭化迁移通过提高家庭收入水平和医疗服务水平利用的中介机制实现健康水平的提升。姜春云（2023）在家庭压力理论的基础上引入生命历程视角，实证发现家庭化迁移对农民工健康产生显著负面影响，家庭迁移通过影响农民工就业稳定性、子女入学难度、工资收入的中介机制对农民工健康状况造成负面影响。

通过上述研究可知，家庭化迁移对家庭福利改善存在不同的影响机制，尽管学者对其存在争议，但不可否认的是家庭迁移对其福利提升作用是内部性、长期性的，而对福利降低更多的是外部性、短期性作用。具体为，家庭化迁移实现了其家庭结构的完整，家人得以团聚，因此家庭化迁移符合"以人为本"的根本目标。家庭化迁移对家庭福利的负面影响，主要是我国现存的城乡二元体制所带来的外部制度障碍，以及社会文化的差异和隔阂，随着城乡统筹工作的推进以及城乡居民融合程度的提高，负面影响能够得到缓解乃至消除。

二、农民工家庭化迁移福利变化发展和趋势研究

由于经济、文化和制度等方面障碍的存在，家庭化迁移同样也面临不同程度的问题。在经济层面，张广胜等（2016）发现，收入差距与城市的高物价水平抑制了迁移家庭的消费，农村迁移家庭收入消费弹性显著低于城市原生家庭。在社会生活层面，孙战文和杨学成（2014）认为，城乡、文化隔阂使得农村迁移家庭社区融入和市民化十分困难，农民工家庭迁入城市并融入城市生活社区要经历一个长久、艰难的过程，使一个家庭完成其市民化过程至少需要家庭一代人的努力。在家庭关系层面，宋全成和封莹（2019）发现，迁移家庭女性相较于单独迁移女性劳动参与率下降，工资水平和工作质量降低。尚越和石智雷（2020）发现，农民工夫妻一同进城务工，配偶之间互相提供的情感社会支持不足，并未显著提升农民工自我健康评价水平，低工资水平与城市高物价的长期迁移矛盾使得农民工自愿超时工作时间延长，其患职业病、慢性病的概率相较于迁移前可能更高。张（Zhang，2023）从家庭迁移视角实证研究发现，成年人结婚前迁移比婚后迁移或同时迁移和结婚带来更好的健康结果。此外，妇女在这三个群体之间的健康差异比男子更大。进一步分析表明，婚前迁移者，尤其是女性迁移者，与同时迁移和结婚的人相比，前者获得城市户籍，并且

与受过高等教育的男性结婚的概率更高。

总之，尽管农村劳动力在家庭化迁移过程中福利状况有所恶化，但学者普遍认为，长期来看该模式能使得农村家庭实现完整，有利于改善农村迁移劳动力的生活状况，提升家庭幸福感。周（Zhou，2023）实证发现，少年时期的家庭化迁移能显著提高代际教育流动性。家庭迁移通过提升子代受教育质量和受教育年限，进而促进其家庭代际教育流动。青少年家庭化迁移对代际教育流动的影响存在显著的城乡差异、性别差异和家庭资源禀赋差异。但是，多数贫困户由于其成本和制度障碍无法通过迁移改善代际流动性。学者们指出，造成农村劳动力迁移问题的根源，并非在于迁移模式的选择，而是来源于城乡二元结构下资源禀赋差距和收入分配不均。一方面，城市发展迅速，乡镇农村发展缓慢，工业发展落后，农村剩余劳动力不具备就近就业的条件，不得不"背井离乡"，采取跨区域就业迁移。另一方面，城市以较低的工资水平吸收了大量农村劳动力资源，却未给城市迁移农民工家庭再生产创造社会支持条件，于是，上述矛盾造成了一系列家庭迁移问题。

三、迁移家庭消费改善研究

随着农民工家庭化迁移成为必然趋势，学者们展开了对城市迁移农民工家庭的消费支出状况的研究。刘宝香（2016）指出，农民工家庭化迁移能促进农民工群体消费的市民化、城市化升级。具体体现在,短期内家庭消费支出占收入的比重上升,消费的主体从非家庭迁移时期的个体逐渐转为家庭,迁移农民工与本地居民消费特征差异不断缩小;长期来看,家庭消费渠道逐渐拓展,消费结构"由农转城"。家庭消费大项如文娱、通信和教育等占总消费比重上升,并且家庭化迁移对农民工家庭消费影响效应仍有较大提升空间。杨永贵和邓江年(2017)发现,家庭化迁移对农民工家庭消费水平具有显著提升作用,并且消费水平提升也有利于家庭人力资本积累,从而增加更多家庭成员随迁的概率。卢海阳等(2018)发现,农民工家庭化迁移模式及其市民化意愿对其家庭消费具有显著促进作用。然而,随着家庭消费水平提升,家庭迁移和市民化意愿对家庭消费的影响逐渐减弱。罗丽和李晓峰(2020)则进一步研究了家庭迁移对农民工消费影响机制,并指出永久居留意愿是影响消费的根本变量。具体为农民工家庭工资收入水平显著提升其消费水平,尤其能提高家庭中发展和娱乐型消费。农民工永久居留意愿显著提升其消费水平。家庭迁移所带来的完整度对其消费水平提升不存在直接影响,而是通过居留意愿间接影响其消费。而居留意愿能正向调节工资水平对消费的促进作用。

近年来,学者也注意到,农民工家庭的消费收入弹性远低于城镇居民,农民工家庭同城镇家庭存在消费不均等的问题,同时,农民工群体内部的家庭之间消费不均状况比较严重,于是展开了对应的研究。张广胜等(2016)实证发现，有社会保障的迁移农民工家庭间消费收入弹性更高，即有社会保障的家庭收入更大程度会转化为家庭消费。在收入水平较低的家庭群体中，这一现象更加显著。罗丽和李晓峰（2021）对比了农工家庭与城镇居民的消费状况，迁移农民工家庭消费水平显著低于城镇居民家庭，拉开差距的消费项目主要为家电设备、子女教育、医疗保障功能等发展型和保障型消费。另外，迁移农民工群体内家庭消费差距大于城乡居民群体内家庭的差距。普尔卡亚斯塔（Purkayastha，2023）实证发现在农村贫困人口中，有流动成员的家庭往往比没有流动成员的家庭拥有更高的可支配收入。然而，城市较高的生活成本迫使农民工生活节俭，并经常在城市和农村分割消费，以尽量减少家庭总支出。而家庭化迁移可以提高农村福利和资源供应，尤其是在医疗和教育方面。

第五节　农民工迁移市民化与社会融入研究

一、农民工迁移模式与市民化研究

农村劳动力的转移，能够推进农业机械化和现代化，提高农民收入水平，改善农村家庭生活条件，加快我国城镇化和工业化进程，是经济增长的强大引擎。大量农村劳动力迁入城市，使中国城市经济社会蓬勃发展。然而，中国农村劳动力在迁移初期可谓"命运多舛""颠沛流离"，历程曲折。在初期，农民工迁移通常是单独的非长久性的迁徙，这主要是受到城乡二元户籍制度约束。蔡昉（1997）发现，在这一时期，家庭劳动力单独在城市务工并向家中汇款，但这样的迁移使得其家庭结构呈现出户主与配偶分居、子女和老人在村中留守的状态。王春光（2001）发现，城市务工者仅是在城市临时停留工作而非永久性留居迁移，这样不稳定的流动模式使得农村转移劳动力在城市之间、城乡之间进行类似"候鸟"或"钟摆"式的循环迁移。在这个过程中，农村家庭陷入了深刻的分裂，家庭成员关系被破坏，家庭矛盾加剧，"留守儿童""留守妇女""空巢老人"等一系列问题更加严重。

学者们认为农民工迁移形态主要经历了两个阶段，在第一个阶段，农民工通常选择独居式的迁移，将收入汇回农村家庭，以此提高农村家庭收入水平，维持并改善农村家庭成员生活状况，家庭处于分离状态；在第二个阶段，农民工逐渐选择以夫妻、子女为核心的家庭迁移的模式，家庭成为进城农民工工作生活的基本单元，家庭成员共同生活，家庭团圆得以实现。两个阶段相比，学者普遍肯定了第二阶段农民工举家迁移模式，家庭化的迁移极大改善了农村家庭生活状况，提升了家庭成员的幸福感，对家庭成员发展具有促进作用。陈素琼和张广胜（2017）发现，城市农民工在流入地的举家迁移，其幸福感会明显提升。闫伯汉（2017）发现，流动儿童比留守农村儿童拥有更高的智力水平，在升学率方面也有一定程度的提高。

二、迁移家庭农民工市民化研究

农村居民通过家庭化迁移城市，逐渐融入迁移城市，最终实现从农民向市民的转变，农民工通过家庭化迁移逐渐市民化是未来发展的趋势。从家庭层面对农民工市民化进行研究的文献不多，有学者偏好于分析个体特征和家庭特征对农民工市民化的影响。孙战文（2013）研究发现，农民工家庭成员结构、家庭人均支出、农村资产的处置意愿和城市环境总体评价对农民工家庭成员市民化整个过程都产生影响；家庭农村经营收入和农村社区福利性收益对其前两个阶段产生影响；年龄、居住支出、从事农业生产年限、务工人员状况及其对城市务工体系的了解对农民工家庭实现举家迁移和定居城市两个阶段产生影响。张敏等（2020）实证研究发现，相比个体迁移，家庭化迁移对农民工市民化意愿具有显著正向促进作用，但是随着家庭随迁规模的扩大，其市民化意愿会随之显著降低。家庭迁移对市民化意愿影响存在性别差异，家庭化迁移的女性农民工市民化意愿要强于男性。此外，城市归属感在家庭化迁移和市民化意愿两个变量间存在正向调节效应，能显著促进家庭迁移对市民化概率的提升。徐藜阳（2021）实证研究发现，相较于非家庭化迁移，农民工家庭化迁移对农民工市民化具有显著正向促进作用。其中，核心家庭迁移的市民化意愿最高。但是，核心家庭的迁移对新生代农民工、女性农民工、受教育程度较高的农民工这三类人群的市民化意愿影响不显著，这可能是受家庭生命周期影响，在迁移初期，家庭收入不稳定风险较高，农民工对城市未来生活发展前景持谨慎态度，因此市民化程度不高。最后，未婚个体迁移若携父母迁移则对其市民化意愿具有显著促进作用。

也有学者偏好于从宏观视角分析我国农民工家庭市民化发展阶段以及前景趋势。孙战文和杨学成（2014）指出处于不同迁移阶段农民工家庭的"成本－收入"约束存在差异，而其中最后一个阶段，永久定居城市决策阶段对于农民工市民化的成本收入约束最为艰难。未来我国农民工市民化将经历 20 年的时间，这是一个长久、艰难的过程。刘传江和赵晓梦（2016）指出，当前我国农民工市民化暴露出诸多问题，主要表现为农民非家庭模式远距离迁移的不可持续性。应以产业创新推动城乡统筹协调发展，弥补以往农村个体迁移市民化模式不足，实现整村、全家的农民工迁移，实现农民向市民转变。

三、迁移家庭社会融入研究

农民工融入城市社会，既是破除社会文化隔阂的过程，也是其自身不断认同城市的过程。随着大批农民工不断涌入城市，在城务工农民群体逐渐形成了一套新的文化和准则。学者从家庭迁移视角出发，就家庭迁移对农民工城市融入影响因素展开了研究，家庭化迁移能有效促进农民工家庭向市民社会融入程度。张华（2013）发现，制约农民工家庭城市融入的主要因素在于工作稳定性差、家庭收入水平低、住房价格高、缺乏社会网络支持等。张文宏和周思伽（2013）发现，迁入城市的农民工并不会被动完全接受城市的文化习俗，农民工群体形成了一种介于内部和外部之间的融合，农民工社会融合具有城乡二重属性。而家庭化迁移对农民工社会化融合具有有效促进作用。史学斌和熊洁（2014）将农民工家庭的城市社会融入测度指标分为五个方面——经济融合、职业融合、社会网络融合、文化融合、心理融合。其中前两个方面是家庭生存层次的融合，第三个方面是家庭感情层次的融合，后两个方面是家庭价值实现层次的融合。另外，其实证发现，目前我国农民工家庭城市融入水平还处在生存层次，主要原因在于收入水平低、就业环境差和职业不稳定。

田艳平（2014）发现，相较于非家庭化迁移，家庭迁移对农民工城市社会融入具有显著正向促进作用。迁移农民工在经济方面融合程度最高，其次是身份认同和心理融入，社会参与的融入程度最低。另外，年龄变量与城市融入意愿之间存在显著负向关系，工资收入、受教育程度、职业类型、社会网络对城市融入存在影响但程度较低，而住所的稳定性对农民工家庭社会融入具有显著促进作用。王春超和张呈磊（2017）实证研究认为，家庭化迁移对农民工城市社会融入感的提升主要是通过与子女团聚来实现。具体体现在，子女随迁提升了农民工家庭在城市永久定居的意愿，增加了其在城市的归属感和认同感。钱泽森和朱嘉晔（2018）发现，我国农民工家庭城市融入状况有明显改善趋势，具体表现为：在经济方面，农民工职业类型越发多元，并且自主创业倾向明显，家庭福利状况整体改善，消费结构不断升级；在社会方面，农民工家庭逐渐融入城镇居民社保体系；在文化方面，开始接纳城市生活方式和价值观念；在身份方面，农民工家庭城市落户意愿逐渐提升。李辉等（2023）研究认为，我国家庭化迁移流动人口融入城市受到社会经济和微观决策双重驱动因素影响，同时也受到社会、经济、文化等相关因素制约，应该从深化户籍改革、重视人力资本投资、健全社会支持网络、完善流动人口住房调控和提高公共服务供给五个方面促进流动家庭的社会融入。

综上所述，农民工家庭迁移对其经济、文化、身份认同等多方面融入的促进作用得到了多数学者肯定。但是农民工迁移家庭城市融入依然存在诸多问题和障碍，例如，劳动就业难度提升、城乡收入消费水平差距较大。上述社会融入问题亟待解决，鲜有学者关注，值得深入研究。

第六节　本 章 小 结

通过对前述研究的梳理，可以对农民工家庭化迁移问题的研究现状有一个比较清晰的认识，这些研究都是极具理论意义和实践价值的，具有奠基性和启发性。就目前研究而言，以下几个问题仍然值得深入探讨。

第一，迁移家庭成员间关注负面多于正面。目前家庭化迁移问题研究大多将家庭成员间关系视作一种负外部性成本，这样的做法尽管具有一定的理论依据，也便于研究实践的进行，但这明显忽略了在实际生活中，家庭团聚对农民工迁移家庭父母、子女的福利改善。从人力资本理论看，家庭迁移使家庭得以团聚，收入水平提升，教育医疗情况改善，家庭关系和睦，则更能促进各家庭成员人力资本的积累。因此，上述问题存在探讨的空间。此外，过度关注家庭成员之间关系的负面性，也致使对家庭内夫妻关系和代际关系的分析相互脱节和相互矛盾。而且，对父母与子女关系的研究都自然地建立在利他主义假设基础上，但现实家庭关系并非具有高度一致性，不同家庭生命周期具有一定异质性，该假设的应用显然需要细化。

第二，对制度性障碍和均等公共政策的关注不够。目前相关研究大多止于户籍制度层面对农民工家庭迁移的影响，视角较单一、同质化的研究较多。家庭迁移的本质动因是城乡社会经济发展不平衡、二元户籍制度下社会支持不足，而并不是表面城乡分割的户籍制度。目前学者对城乡产业结构、城乡制度统筹、城乡资源公平分配与农民工家庭迁移之间关系的关注不足，也缺少对破除制度障碍体制机制建立的探讨。

　　第三，缺乏对农村家庭迁移的系统研究。目前相关研究大多基于流入地视角研究农民工家庭化迁移的动因、迁移过程面临的困境、迁移行为等，但缺少对流出地视角的关注。西方的人口迁移是建立在产业部门转型或人口老龄化背景之下，而我国农民工迁移则建立于城乡二元经济失衡、政策失衡的历史与现实背景之下，因此西方劳动力经典迁移理论和家庭迁移理论并不能准确解释我国农民工家庭迁移。国内研究应该吸收国外研究成果，将西方劳动力和家庭迁移理论与我国二元经济体制实际结合起来，进而在政策上提出对策咨询，从行动上提供解决路径。

第三章 农民工家庭化迁移政策的制度变迁

　　本章梳理了我国农民工家庭化迁移政策的制度变迁，发现农民工家庭化迁移政策与我国经济社会的变迁密切相关。新中国成立伊始，"一五"计划把优先发展重工业作为经济建设的中心。为获取农业剩余价值，国家利用户籍制度、人民公社制度等一系列制度安排对人口流动进行严控，城乡隔绝的局面逐渐形成。以党的十一届三中全会为开端，随着农村经济体制改革的持续推进，国家对农村人口的流动限制有所放宽，农村劳动力流动得到了一定程度的恢复和发展。进入21世纪以来，随着对农民工问题的认识和解决思路日趋全面化、系统化，政府对农民工迁移的态度逐步由早期的否定与控制转向肯定与引导，相关政策开始以规范劳动市场、保障民工权益、提供就业服务为重点。近年来，农民工举家迁移的趋势逐渐增强，为鼓励这一健康的迁移模式，政府在清理制度障碍，加快农村富余劳动力转移的同时，更重视保障农民工及其随迁亲属的合法权益，积极为农民工家庭化迁移创设有利环境。

农民工家庭化迁移政策是我国政府为改善农民工及其家庭的生活品质，从而形成协调的城乡工农关系，进而促进乡村振兴和经济高质量发展所做的努力。相较个人迁移与部分迁移，农民工家庭化迁移增加了农民工定居城市的意愿，能有力推动该群体的社会融合与市民化。对农民工家庭来说，举家迁移能避免家庭成员处于离散状态，有利于归属感的提高和家庭生活的和谐稳定。对整体社会来说，农民工家庭化迁移能有效减少留守儿童、老人赡养等社会问题，在促进社会和谐的同时推动流动人口市民化，进而实现城镇化高质量发展。因此，回顾和梳理新中国成立以来我国农民工家庭化迁移政策的变迁，可为当前户籍制度、社会保障、基础教育等领域的相关改革提供方向和思路，从而为农民工家庭化迁移创造更有利的宏观环境，增加我国公民的幸福感和社会稳定性，促进社会经济高质量发展。

第一节　中国农民工家庭化迁移政策的制度变迁

我国农民工家庭化迁移政策的制度变迁与经济社会的发展密切相关。根据新中国成立至今 70 多年来我国的经济社会发展可知，随着社会结构和经济体制的变化，政府对农民工迁移问题的态度逐步由否定转为肯定，政策思路也呈现出由堵到疏、由管理到服务的进步，表明政府日益认识到农民工在我国现代化进程中的贡献以及维护这一群体合法权益的重要性。以关键时间节点和政策的阶段性特征为依据，大致将农民工家庭化迁移政策的制度变迁分为五个阶段：第一个阶段是 1949~1952 年，允许农村劳动力自由流动；第二个阶段是 1953~1978 年，严格限制农村劳动力流动；第三个阶段是 1979~1999 年，逐步放宽农村劳动力流动限制；第四个阶段是 2000~2013 年，完善管理和促进公平；第五个阶段是 2014 年至今，健全制度和保障合法权益。将政策考察置于我国经济社会变迁的宏观背景下，梳理比较不同历史阶段的农民工相关政策的内容和特点，有助于对政策形成客观、全面的评价，同时，总结经验和教训，对于目前相关领域制度的改革具有重大意义。

一、1949~1952 年：允许农村劳动力自由流动

新中国成立初期，我国实行允许人口自发流动的政策，公民拥有居住和迁移的自由，农村经济迅速发展，城乡关系保持稳定。由于国民经济基础薄弱，乡村尤为衰败，为解放农村生产力，恢复农业生产，我国于 1950 年颁布了《土地改革法》。经过土地改革，农村土地占有关系和生产关系发生了显著变化，农民分得了土地，成为土地的主人，生产积极性极大提高。同时，国家准许不同种类的经济成分同时存在，农村的土地、劳动力、资本等各种生产要素的流动不受

限制,城乡私营工商业拥有较为宽松的发展环境。这一时期,城乡间人口流动受限较少,有较多人口从农村流入城市。国家统计局数据显示,1949 年至 1952 年,城市人口由 5765 万增至 7163 万,共增长了 24.2%,且年增长率逐年上升,城市人口比重增加了 1.82%。

二、1953～1978 年:严格限制农村劳动力流动

进入 1953 年后,政府对于人口流动的态度开始出现转变,出台了相关政策(见表 3-1)。政策的变化与我国当时的社会经济状况和发展战略息息相关:第一,在先前农村劳动力流动自由度较高的时期,大量农民涌入城市导致城市人口激增,影响了农业生产,并且给城市就业及基本生活资料供应造成压力。第二,在经济基础极为薄弱的情况下,为快速完成工业化积累,需要降低工业化成本,并通过提高计划性增强资源动员能力。为此,我国通过户籍制度及一系列相关的制度安排,将城市和农村划分为两个缺乏经济社会联系的部门,人口、资本、土地等生产要素的流动受到严格的限制,农民被束缚在农业领域,难以通过合法途径迁往城市。

表 3-1　　　1953～1977 年农民工相关政策解读

年份	政策名称	主要内容
1953 年	《关于劝止农民盲目流入城市的指示》	各级政府和单位应视情况动员进城农民返乡

年份	政策名称	主要内容
1957 年	《关于各单位从农村中招用临时工的暂行规定》	应优先通过调剂来满足对临时工的需求，其次是由劳动部门招用当地的城市居民，禁止各单位在未经批准的情况下私招农村工人、聘用"盲流"的农民
1965 年	《关于改进对临时工的使用和管理的暂行规定》	加强劳动管理、节约使用劳动力，招募临时工时应遵循"统一安排""就近招工"原则，应优先招募符合条件的城市劳动力
1977 年	《公安部关于处理户口迁移的规定》	尽快处理全国范围内市、镇上的无户口人员，对于迁出农村且要落户城镇的行为要严格控制，动员自由流动的人口返乡，来自农村的临时工、合同工等不得将户口迁入市镇

1953 年 4 月，政务院发布《关于劝止农民盲目流入城市的指示》，指出农民工盲目入城导致城市失业人口增加、农业生产因劳动力减少而受损，要求各级政府和单位视情况动员进城农民返乡。1956 年 12 月，中共中央、国务院联合发布《关于防止农村人口盲目外流的指示》，指出要让灾民认识到只有生产自救才能战胜灾荒，对于受灾严重且外出生活有切实保障的人群，在取得相关证明、办理好手续后方可允许外出。同时，该指示对各地已流入人群的处理方法作了分类说明：第一，有亲友可依，或有从事生产的路子的，应被允许居留。第二，若可安置，则要想办法安置。倘若该地区人口少且土地多，则可让其居留于农村从事垦荒

生产。第三，不符合以上情况的，应由原籍政府领回原籍，或由流入地区政府遣返至原籍所在地，但应保障其返乡后的生产生活。此外，在各单位的劳动用工方面，规定由劳动部门统一调动分配农村剩余劳动力，各单位不得私自招收。

1957 年秋季，我国多个省份再次出现了农村人口大规模流向城市的情况。当时我国为缓解城镇就业压力，鼓励城镇干部及中小学毕业生上山下乡，定居农村并参与农业生产。在这种客观背景下，农民向城市的流动进一步受到限制：1957 年 12 月 13 日，国务院出台《关于各单位从农村中招用临时工的暂行规定》，将劳动力分配纳入行政性计划调节，明确限制农村人口向城市的流动。该文件规定各单位若需招用临时工，应优先通过调剂来满足需求，其次是由劳动部门招用当地的城市居民，禁止各单位在未经批准的情况下私招农村工人、聘用"盲流"的农民。同年 12 月 18 日，中共中央、国务院发布了《关于制止农村人口盲目外流的指示》，指出农村人口大量外流的现象不符合当前的社会主义建设方针，有碍城市和农村的经济发展和正常秩序，要求强化劝阻工作，城市和工矿区必须动员外出的农民返回原籍。同时，各部门需密切配合，如要加强对粮食供应的控制，以及要强化市场引导以防止农民弃农从商。

1958 年 1 月，《中华人民共和国户口登记条例》颁布，中国公民被划分为市民和农民两个群体，人口的迁移受到严格管控，城乡分割的户籍制度就此正式通过立法得到了确立。国家还建立起与户籍制度配套的分配制度，将户籍与国家计划资源控制连在一起，城市基本生活用品按户口凭票供应，进一步限制了从农村到城市的人口流动。此外，该条例严格限制了户口迁移，第 10 条第二款规定，"农民在被城市劳动部门录用、被城市学校录取，或者由城市户口登记机关准许迁入时，方可由农村迁往城市"。该户籍制度限制了农村人口居住和迁移的自由，并与劳动就业制度、社会保障制度、教育制度等紧密结合，在限制人口流动的同时也造成了社会不公，使农民的经济发展缓慢、社会地位低人一等。同年 8 月，人民公社化运动开始在全国农村展开，这一体制安排将农村劳动力最大限度地限制在农业生产领域，农民基本上失去了流向城市的途径。

在逆城市化政策下，该阶段大量人口回流乡村在一定程度上造成了城镇劳动力紧缺，由于工业化与城市建设的需要，城市中仍有招募农村劳动力的现象存在。1962 年 10 月，国务院出台《关于国营企业使用临时职工的暂行规定》，允许用人单位在农村招用临时工，但对招工条件和手续进行了严格规定。1965 年 3 月，国务院发布《关于改进对临时工的使用和管理的暂行规定》，要求企业和事业单位加强劳动管理、节约使用劳动力，招募临时工时应遵循"统一安排""就近招工"原则，应优先招募符合条件的城市劳动力。可见，这一时期农村劳动力虽有进入城市就业的机会，但总体来说仍是极其困难的。

1966~1976 年，由于"文化大革命"对社会经济秩序造成破坏，以及我国劳动计划管理方面存在漏洞，10 年间有1300万农民进城，对国民经济和社会秩序造成了诸多不利影响。1976年"文化大革命"结束后，广大下乡知青在国民经济尚未好转的情况下自发返城，导致就业形势异常严峻。1977年，《公安部关于处理户口迁移的规定》出台，明确要求非农人口的增加应符合农业生产的发展现状，人口地域间的流动需遵守国家规定。指出对户口迁移的处理方式，应在控制城镇人口增长的大前提下，视流入地和迁出地的区域规模而定，对于迁出农村且要落户城镇的行为要严格控制。要求尽快处理全国范围内市、镇上的无户口人员，动员自由流动的人口返乡，还指出来自农村的临时工、合同工等不得将户口迁入市镇，且县及县以下集体所有制单位中农村户口的职工和社队工业劳动者，不得转为吃商品粮人口。

三、1979～1999年：逐步放宽农村劳动力流动限制

20世纪50年代末至80年代初，"政社合一"的人民公社制度将农民束缚于集体生产经营中，在剥夺了农民迁徙自由的同时，也因高度的公有化、单一的经营方式、集中的管理权限，使得农民生活质量低下，农业发展滞后。国家统计局数据显示，按不变价格计算，1952～1978年，工业总产值增加了15倍，由4031万元增长至41821万元，年均增长11.5%。然而，在工业以年均两位数的增速快速发展时，

农业总产值只增加了 1.3 倍。农村没有享受到工业化的好处，绝大多数农民处于绝对贫困状态，挣扎在温饱线上，基本生活需求尚未得到满足。

以 1978 年党的十一届三中全会为开端，我国对农村经济体制逐步实行改革，建立起家庭联产承包制度。通过统一经营和分散经营相结合，家庭联产承包责任制使农民再度拥有了土地经营权，大幅提高了农民生产的自由度。在家庭联产承包责任制下，农民将一小部分劳动所得按合同规定上交集体和国家后，可以对剩余部分自由支配。不同于以往分配中的平均主义，农民的收入取决于其付出的劳动，积极性被充分调动起来，生产热情空前高涨。1984 年与 1978 年相比，全国农业生产总值增加了 62%，全国的农民人均收入提高了 1.7 倍，农业生产得到了极大发展。除了改善农民经济状况外，家庭联产承包责任制对农民的流动也产生了一定影响：第一，农业生产率的提升缩短了劳动时间、增加了农民收入，使农村剩余劳动力增加，且为农民迁往城市提供了物质基础。第二，随着农产品供应量的充裕，政府逐渐放松了对城乡人口流动的限制，农村人口迁移不再受到约束。第三，大量农村劳动力摆脱了土地的束缚，国家需要加大非农产业的发展力度以对其进行吸纳。

1979 ~ 1983 年，随着家庭联产承包责任制的全面推行，农村劳动力流动获得了一定的恢复和发展，但该时期国家对劳动力流动仍采取了限制政策。主要原因有：第一，当时我国农产品供应无法满足大量增加的非农人口的需求；第二，城镇就业压力因知青大批返城而加剧，没有余力安置众多流入城市的农村劳动力；第三，我国尚不具备破除城乡分割体制的条件。基于以上原因，我国继续采取限制人口流动的政策。1979 年，国家计划委员会制定了《关于清理压缩计划外用工的办法》，指出目前计划外用工现象的大量存在造成了劳力浪费、城市失业、农业从业者减少等不良后果，不利于国民经济的发展，要求严格控制农村劳动力的使用，着重对计划外的农村用工进行清退。1980 年 8 月，全国劳动就业工作会议在北京召开，会议提出要拓展就业途径，改革城镇劳动力统一由国家包揽的劳动制度，要在控制大中城市人口的基础上，逐步做到允许城镇劳动力在一定范围内流动。然而，在放宽城镇劳动力流动的同时，进一步对农村劳动力流动加强管理，要求控制农业人口盲目流入大中城市，清理压缩来自农村的计划外用工。

1981 年 12 月，《关于严格控制农村劳动力进城做工和农业人口转为非农业人口的通知》出台，内容主要有：一是严控招用来自农村地区的工人。对各类型、各地区单位的招工做出明确规定，总体原则是非必要不从农村招工，必要时经政府批准后方可从农村招工。要有控制地使用民工，大型工程经批准可就近动用一定数量的民工，但工程结束后要立即将其辞退。禁止城镇技工学校从农村招生。二是对各单位招用的来自农村的工人进行清理。首先是计划外用工，单位间不得调配和借用农村计划外用工，并且要对其大力清退。其次是临时工、合同工、亦工亦农人员等，要及时将多余人员辞退，不可将留下人员转为国家固定职工或非农人口。最后是进城的农村建筑队、运输队，要予以清理整顿，动员其返乡参与农业生产。三是加强户口和粮食管理。由公安机关统一办理户口迁转，粮食部门不得对不合规定的迁转户口供应商品粮。1979～1982年，从全国来看，计划外农村劳动力的清理进展并不顺利，很多地区已停止了对计划外用工的清退，或是仍在使用计划外的农村劳动力。1982年8月，《关于继续压缩计划外用工的通知》指出仍要以农村劳动力为清退重点，计划1982年全国清退200万计划外用工，其中包括120万的农村劳动力（见表3-2）。

表 3-2　　　　1979～1982 年农民工相关政策解读

发布年份	政策名称	主要内容
1979 年	《关于清理压缩计划外用工的办法》	严格控制使用农村劳动力，着重开展对计划外农村用工的清退工作
1981 年	《关于严格控制农村劳动力进城做工和农业人口转为非农业人口的通知》	对招用来自农村地区的工人加强管控，对各单位聘用的农村工人进行清理并动员其返乡务农，强化在户口迁移、商品粮供应方面的管理工作
1982 年	《关于继续压缩计划外用工的通知》	以农村劳动力为清退重点，计划1982年全国清退200万计划外用工

1984～1988年，随着农村经济体制改革的持续推进，为促进经济健康发展，国家开始引导农民工有序向小城镇迁移。政策变化的主要原因在于，在实行包产到户、取消人

民公社制度等一系列改革的深入推进下，农村生产力的极大解放带来了农业劳动生产率的持续增长，大量农村劳动力需要转入非农产业。1984年初，《关于1984年农村工作的通知》出台，标志着国家开始放宽对城乡人口流动的限制。该通知对农民脱离农业生产，转入小工业和小集镇服务业持肯定态度，将其视为有利于进一步推动农业生产、改变人口和工业布局的历史进步。给予农民集镇就业权并放宽了"农转非"的条件，允许各地区选取若干集镇作为试点，外出务工、做生意以及办服务业的农村人口可以自理口粮落户于城镇。

随着前往集镇务工、经商的农民群体的扩大，该部分人群的落户问题日益突出。1984年10月，国务院出台《关于农民进入集镇落户问题的通知》，对农民前往集镇务工、经商、办服务业持积极看法，要求各级政府对有才能的农民赴集镇经营工商业给予支持，主要对农民落户问题做出了如下通知：一是应准许符合条件的农民和家属落常住户口。同时，要在粮油供应、住房、工商登记等方面予以支持，加强管理。二是要保障其合法权益。政府要保护其正当的经济活动，并赋予其与集镇居民相同的权利。同时，为保证该群体的稳定性，政府不得歧视其留居农村的亲属，要事先为落户农民办理好承包土地的转让手续。1985年《关于进一步活跃农村经济的十项政策》出台，肯定了农村经济经过改革取得的进步，明确要求继续增加城乡之间的经济方面的往来，赋予农村人口进入城市开店、提供劳务、办服务业的权利。

这一时期，国家虽在一定程度上放松了对农民流动的限制，但整体政策导向是通过发展乡镇企业，在小城镇或农村解决农民就业问题。1986 年出台的"七五"计划强调了发展乡镇企业的重要性，将其视为繁荣农村经济所必须采取的手段，支持农民创办乡镇企业并加强规划、引导和管理，提出要按计划、分步骤地将农村富余劳动力转入其他行业（见表 3-3）。在国家政策的鼓励和扶持下，乡镇企业异军突起。国家统计局数据显示，1984~1988 年，乡镇企业数量平均每年增长 52.8%，1988 年已有 1888 万家，吸纳就业人员高达 9546 万人，总收入达 4232 亿元。四年间乡镇企业增加值以 35% 的年均增长率快速增加，由 633 亿元增长至 1742 亿元。在政策利好，充足的廉价劳动力和资本投入下，乡镇企业的快速崛起推动了城镇发展，珠三角一带的发展尤为兴旺。

表 3-3　　　　1984~1988 年农民工相关政策解读

发布年份	政策名称	主要内容
1984 年	《关于 1984 年农村工作的通知》	赋予农民集镇就业权，放宽了"农转非"的条件，允许各地区选取若干集镇作为试点，外出务工、做生意以及办服务业的农村人口可以自理口粮落户于城镇
1985 年	《关于进一步活跃农村经济的十项政策》	给予农村人口在一定条件下进入城市的权利
1986 年	"七五"计划	鼓励农民兴办乡镇企业，要按计划、分步骤地将农村富余劳动力转入其他行业，以小城市及城镇为重点发展对象

20 世纪 80 年代末，以流动限制放宽为大前提，在经济利益的驱动下，四川、河南等中西部地区的农村居民大量涌向经济发达的东南沿海城市，形成了大规模的"民工潮"现象。在现代化进程中，人口由乡村向城市迁徙是必然趋势，然而，当时我国大规模的人口流动却有违一般规律。首先，人口大规模流动的原因并非是农业生产率显著提高、新兴产业产生大规模的劳动力需求，而是农民改善生活的渴望及开放城市的强大吸引力。生产结构、经济结构的不适应导致城市负担过重，从长久来看，还会造成农业生产中优质劳动力和资金投入的缺乏，不利于农业经济的发展。其次，此次流动并非以家庭为单位，带来了一定的社会隐患。当时政府和学术界普遍将该次"民工潮"视为盲动的，认为当前农村人口向城市的流动是超量且失控的，具有动因诱导性、形式非组织性、过程无序性、目标不可靠性、后果难以承受性等特点。

1989~1991 年，随着社会对"民工潮"现象不适应问题的凸显，政府开始采取行政手段控制农民工的跨地区流动。政策调整的主要原因在于：第一，相对落后的交通事业难以承受庞大的客流量，导致超负荷运行和交通秩序混乱。第二，城市一般消费品及基础设施的供给难以跟上人口增速，导致城市负担剧增。此外，由于个人素养、生活习惯差异等原因，"盲流"人口给城市带来了一定的治安问题，扰乱了社会秩序，增加了城市管理成本。第三，"盲流"人口因文化程度低、缺乏技能，往往只能就职于工作环境差、待遇低的岗位。这种现象滋生了城市居民的优越感，导致了扭曲的观念和风气。第四，"盲流"人口的流动性导致计划生育政策对其失去约束力，削弱了政策效力。

1989 年春节前后，河南、安徽、山东等地的大量民工集中前往西北、东北、广东等地区，对铁路运输造成巨大压力，在流入地引发了一定治安问题。1989 年 3 月，国务院发布《关于严格控制民工盲目外出的紧急通知》，要求各级政府、各地铁路部门、公路和水运部门、公安部门以及新闻单位要相互配合，做好动员民工返乡工作。该通知发布以后，民工外出现象没有明显改善，西流民工的规模超出了中转站的运输能力，造成大量民工滞留，影响了当地秩序。1989 年 4 月，《关于进一步做好控制民工盲目外流的通知》发布，指出来自四川、河南等地，经兰州中转的西流民工已对兰州市的正常秩序造成了不利影响，要求相关地区的政府对当地民工的外流加以严控，同时要通过解决农村剩余劳动力的出路问题，充分发挥其生产积极性。

1989 年 10 月，国务院《关于严格控制"农转非"过快增长的通知》指出，一段时间内，迁出农业户口的人数增加过于迅速，给财政、粮食、就业以及城市基础设施等方面造成了压力。究其原因在于统一规划和宏观管理的不足，导致不少地区对"农转非"控制力度不够。要求加强对"农转非"的管理，保证其增速与经济发展水平相适应，并通知各地区要以计划指标和实际承受力为准，严控

"农转非"人数，针对各地自行制定的相关政策，要做好整顿工作，同时加强对"农转非"的审批管理。1990 年 4 月，国务院发布《关于做好劳动就业工作的通知》，再次强调对"农转非"的控制，要求合理控制农村劳动力的转移，首先要确保农业生产领域的劳动力数量充足且具备必要素质，针对农村地区的待业人员则倡导通过发展乡镇企业等方式实现就地就业。要求对在城市务工农村人员的雇佣做好管理和规划，同时要重点清退农村户籍的计划外用工（见表 3 - 4）。

表 3 - 4　　　　1989 ~ 1990 年农民工相关政策解读

发布年份	政策名称	主要内容
1989 年	《关于严格控制民工盲目外出的紧急通知》	要求各级政府、各地铁路部门、公路和水运部门、公安部门以及新闻单位要相互配合，做好动员民工返乡工作
1990 年	《关于做好劳动就业工作的通知》	倡导"离土不离乡"的就地消化和转移政策

1992 ~ 1999 年，为规范农村劳动力的流动，使其通过合法渠道实现异地就业，政府改变了对农民工的限制态度，开始逐步完善劳动力市场，重视对劳动力流动加强管理、提供服务。1993 年，劳动部围绕目标、任务、范围、步骤、保障措施五个方面，对 1993 年 10 月至 1997 年 12 月的"农村劳动力流动有序化"工作进行了细致安排。其中，建立异地就业劳动者的权益保障制度、完善信息传播和检测系

统以及发展相关服务组织等条款，顺应了时代发展的需要，且有长远的战略意义。

1994 年 11 月，《农村劳动力跨省流动就业管理暂行规定》发布，农村劳动力被外省招用后，必须按规定领取相关凭证，方可取得流动就业的资格并享受就业服务等权益。规定了相关的组织管理工作，要求各地按标准格式印制外出人员就业登记卡，且签发数量应与外省用人单位实际招用本地农村劳动力的数量一致。流动就业证在规范民工流动、保障其享有合法权益的同时，加大了民工异地就业的难度，限制了农民工流动的规模。新的流动就业管理制度实行后，一些地区出现了滥发、非法印制流动就业证卡以及趁机收取高额费用的现象，对民工的有序流动造成了严重干扰，社会影响极其恶劣。1995 年，劳动部发布了《关于严禁滥发流动就业证卡的紧急通知》，要求各地重点检查发放证卡的程序是否符合部颁规定的要求，收费是否按规定办理了立项和审批手续，保证流动就业的有序性，维护良好的社会秩序。

农村劳动力跨地区流动有序化工程自 1994 年实施以来，取得了明显成效，确保了 1995 年、1996 年春运期间民工的有序流动。然而，促使民工跨地区迁移的因素不可能在短期内消失，大规模的农村剩余劳动力、区域间发展不平衡等客观因素都将在较长时间内推动人口的跨区流动，同时，我国正处在向市场经济转变时期，经济结构日趋合理化、完善化的阶段，国企下岗职工与农村剩余劳动力并存。引导民工有序迁移，对于缓解城市就业压力，充分利用农村人力资源有着重要意义。1996 年 4 月，为全面推进该工程，劳动部印发了《农村劳动力跨地区流动有序化工程 1996 年实施计划》，制定了全面落实流动就业凭证管理制度，建立建设北京、上海、天津三地的劳动力市场信息网、发展服务网络等任务。同时，进一步引导民工有序按需流动，保障流动就业各环节的服务，如通过就业培训帮助民工适应岗位要求。

1997 年 11 月，《关于进一步做好组织民工有序流动工作的意见》出台，明确说明民工由农村向城市迁移是经济社会发展与变迁过程中必然出现的长期现象，有利于促进我国经济繁荣与稳定，但必须因势利导并加强管理。该意见提出要培育发展劳动力市场，引导和组织民工按需流动，鼓励农村剩余劳动力就地就近转移，提出了如下措施：多渠道增加对农村的投入，引导农民向农业的深度、广度进军；继续大力发展乡镇企业；有条件的地区要合理规划农村非农产业布局；鼓励民工返乡创业等。同时，对民工就业服务及权益保障方面作了如下要求：为民工提供职业技能培训、职业道德教育以及就业信息，加强对民工的法治教育，要求用人方与民工签订劳动合同，对春节期间坚持生产的民工给予经济补偿等（见表 3 - 5）。可见，在这一时期，政府对民工迁移的态度由早期的否定与控制，转向肯定与引导。同时，更加重视对劳动市场的规范、民工权益的保障以及就业服务的提供。

表 3 – 5   1994～1997 年农民工相关政策解读

发布年份	政策名称	主要内容
1994 年	《农村劳动力跨省流动就业管理暂行规定》	规定农村劳动力必须持有相关凭证，方可获得流动就业的合法资格并享受就业服务等权益，要求各地按标准格式印制外出人员就业登记卡
1996 年	《农村劳动力跨地区流动有序化工程1996年实施计划》	全面落实流动就业凭证管理制度，建立建设北京、上海、天津三地的劳动力市场信息网、发展服务网络，进一步引导民工有序按需流动，保障流动就业各环节的服务
1997 年	《关于进一步做好组织民工有序流动工作的意见》	鼓励农村剩余劳动力就地就近转移，为民工提供就业服务，保障民工权益

四、2000～2013 年：完善管理和促进公平

进入 21 世纪以来，随着国家城镇化战略的提出，国家越发重视促进农村劳动力转移，将完善管理、促进公平融入相关政策。政策变化的主要原因在于随着进城务工的农民工越来越多，针对该群体的不公正、不合理待遇引发了一系列社会问题，影响了城镇化进程。农民工群体受到的不公正、不合理的待遇主要表现在：第一，社会地位不平等。受政策、媒体报道等影响，农民工群体遭受了严重的社会歧视，城市居民在面对农民工时，往往存在优越感。第二，就业不平等。农民工就业存在着各种歧视性规定和体制性障碍，可选择的岗位少，所从事的工作往往薪资低、环境差，还时常面临与城市职工同工不同酬，工资被克扣、拖欠，却

投诉无门的窘境。第三，权益不平等。城市户口与就业、教育、医疗、养老等方面紧密相连，已经形成了较为完善的制度，而农民工家庭却无法享受与城市居民同等的保障。国家积极进行就业、教育、户籍等方面的改革，致力于提高农村劳动力转移过程中的公平性和融合度，保障农民工权益并改善农民工就业环境。

在农民工就业方面的政策主要包括清理并取消就业中存在的不合理限制、改善就业环境、提高就业能力、保障合法劳动权益等。2000年7月，《关于进一步开展农村劳动力开发就业试点工作的通知》出台，明确对试点提出要求：逐步完善关乎城镇就业的农村劳动者的社保政策；改革流动就业证卡制度；规范乡镇劳动服务机构建设；通过职业培训帮助农村剩余劳动力转入非农产业等。该文件的出台，表明政府已经意识到农村人口城镇化迁移对于促进城乡经济协调发展、推动城镇化进程的重要意义，开始积极地为农村人口城镇就业创设条件，同时致力于推动城乡劳动者平等就业，促进社会公平。

随着现代化进程中新技术、新产业的兴起，农民工由于缺乏必要素质和技能，就业难度日益增加，严重制约了农村劳动力转向非农产业及城镇的进程，政府对提高农民工就业能力、加快农村劳动力转移越发重视。2003年9月，农业部及社会保障部等多部门共同制定了《2003—2010年全国农民工培训规划》，明确要综合运用加大财政扶持力度、实行就业准入制度等手段，调动相关主体的积极性；制定了培训规模、培训质量以及社会氛围和政策环境三个层面的培训目标。2004 年中央一号文件指出，现阶段农业生产、农村经济发展中面临的严峻问题之一就是促进农民收入增长，要增加农民工就业岗位，遏制城乡居民收入不断扩大的趋势。将提高农民在城市所得的务工收入视为实现农民增收的重点渠道之一，做出如下要求：一是保障其合法权益。要求简化相关手续办理流程，将农民工子女教育、社会保障等纳入财政预算，推进户籍制度改革等。二是加强职业技能培训。规定各级财政安排专项资金并通过发挥农民的自主性来提高资金的使用效率，接受培训的农民可获得一定补贴和资助等。

2004 年 12 月，《关于进一步做好改善农民工进城就业环境工作的通知》指出，需进一步解决农民工进城就业中存在的收费较多、手续繁杂、服务滞后的问题，再次强调要清除行政审批、工种限制、从业资格等方面存在的不公正、不合理的规定，加强农民工就业中所需的培训、权益维护等服务，解决农民工住房、子女教育等问题，同时要开展有组织的劳务输出，进一步健全完善劳动力市场。2006 年，国务院办公厅出台了《国务院关于解决农民工问题的若干意见》，将妥善处理农民工问题的重要性提升至关乎国家发展的战略高度，标志着我国对该问题的认识步入全面化、系统化的新阶段。该意见共有四十条，针对现存的各类农民工问题，包括工资水平和支付、劳动合同、社会保障以及子女入学等热点问题，做出了明确且详细的规定。其中，针对农民工就业，该意见从建立制度、强化监管、落实责任等方面对用人单位和相关部门做出明确要求，对保障工资支付、提高生产安全性、加强职业培训等起到了重要的推动作用，进一步优化了该群体的劳动环境。

2008 年 12 月，《国务院办公厅关于切实做好当前农民工工作的通知》指出，农民工工作与农村经济发展和农民增收直接相关，主要要求如下：一是推动农民工就业。通过扩大内需、为企业减负、建设劳务基地、促进农民工劳务输出等措施，创造更多的就业机会，稳定现有就业岗位，避免大规模集中裁员。二是面向农民工强化就业服务。从农民工的实际需求和市场对劳动力素质的需要出发，提高培训的针对性并加大资金投入，切实提高培训效果以及培训就业、劳务输出的组织化，同时为该群体提供充足的就业信息。三是通过完善制度、多方联动以保障工资发放。2010 年 1 月，国务院要求各地根据国家规划和当地实际情况，以我国发展需求和农民工就业需要为导向，做好农民工培训工作的统筹设计，同时强化监督，确保培训质量和资金使用效率。同年 2 月，国务院发布了《国务院办公厅关于切实解决企业拖欠农民工工资问题的紧急通知》，责令相关主体提高重视程度，抓紧落实相关工作，努力保障农民工及时足额收到工资（见表 3 - 6）。

表 3 - 6　　　　2000～2010 年农民工就业相关政策解读

发布年份	政策名称	主要内容
2000 年	《关于进一步开展农村劳动力开发就业试点工作的通知》	要求试点逐步完善关乎城镇就业的农村劳动者的社保政策，改革流动就业证卡制度，规范乡镇劳动服务机构建设，通过职业培训帮助农村剩余劳动力转入非农产业

发布年份	政策名称	主要内容
2003 年	《2003—2010 年全国农民工培训规划》	逐步扩大培训规模，营造良好的社会氛围和政策环境，提高培训质量
2006 年	《国务院关于解决农民工问题的若干意见》	为保障工资支付、提高生产安全性、加强职业培训，从建立制度、强化监管、落实责任等方面对用人单位和相关部门做出明确要求
2008 年	《国务院办公厅关于切实做好当前农民工工作的通知》	通过采取多种措施，稳定并扩大就业规模、提高培训的针对性并加大资金投入，切实提高培训效果、完善制度、多方联动以保障工资发放
2010 年	《国务院办公厅关于切实解决企业拖欠农民工工资问题的紧急通知》	开展专项检查，落实各方责任，建立预防机制和解决机制

随着我国城市化进程的加快，流动人口逐渐呈现家庭化迁移的趋势，农民工子女义务教育问题日益突出，我国陆续出台一系列政策保障农民工随迁子女的受教育权。2003 年 9 月 13 日，《关于进一步做好进城务工就业农民子女义务教育工作的意见》发布，要求流入地政府负起责任，通过健全工作制度、安排专项经费等措施，支持当地公办小学接收流动学生入学。明确了教育行政部门、公安部门、发展改革部门、财政部门以及劳动保障部门等相关部门的职责，力保各部门形成合力，共同落实农民工子女义务教育工作。要求对农民工子女在评优奖励、入队入团、收取费用等方面不得

区别对待，学校要帮其克服心理障碍，鼓励社会各界进行资助，提出通过分期付款、设立助学金等方式切实减免农民工子女的教育费用负担。2006年，《国务院关于解决农民工问题的若干意见》发布，就其随迁子女的义务教育问题明确了输入地政府和输出地政府的责任，要求输入地政府在制定规划、拨付经费等方面充分考虑该群体的教育需求，强调城市学校在收费、管理上要做到一视同仁，确保该群体得到公正对待。

随着城镇化的持续推进和相关政策的日益完善，进城务工人员及其随迁子女数量不断增加，随迁子女义务教育问题得到初步解决的同时，其升学考试问题日益突出。2012年8月，《关于做好进城务工人员随迁子女接受义务教育后在当地参加升学考试工作的意见》出台，督促各地在适应当地承载力的前提下，尽快制定随迁子女升学考试具体政策，同时明确了各部门的职责，指出各部门应密切协作以形成工作合力。该意见还规定，有较多随迁子女就地参加高考的流入地要适当调整当地高考录取比例，针对无法在流入地参加升学考试的随迁子女，流入地和流出地要共同保障其回流出地参加升学考试。2012年9月，《国务院关于深入推进义务教育均衡发展的意见》指出，现有的教育资源无法充分满足人民需求，应尽力保障全体适龄学子的受教育需求。将解决农民工子女的教育问题视为提高教育公平性的关键点，要求流入地政府通过做好规划、拨付经费、政府购买等多种方式负起责任。针对留守学生，要求建立健全学校、家庭、社会各界多方参与的关爱服务体系，创新关爱模式（见表 3 - 7）。

表 3 - 7　　　　　2003～2012 年农民工子女就学相关政策解读

发布年份	政策名称	主要内容
2003 年	《关于进一步做好进城务工就业农民子女义务教育工作的意见》	要求流入地政府承担起责任，协调相关部门并建立经费筹措保障机制，落实将公办学校作为接收主渠道的任务，切实减轻流动学生的教育费用负担
2006 年	《国务院关于解决农民工问题的若干意见》	要求输入地政府在制定规划、拨付经费等方面充分考虑该群体的教育需求，强调城市学校在收费、管理上要做到一视同仁，确保公正性
2012 年	《关于做好进城务工人员随迁子女接受义务教育后在当地参加升学考试工作的意见》	督促各地在适应当地承载力的前提下，尽快制定随迁子女升学考试具体政策，同时明确了各部门的职责，有较多随迁子女就地参加高考的流入地要适当调整当地高考录取比例，针对无法在流入地参加升学考试的随迁子女，流入地和流出地要共同保障其回流出地参加升学考试

　　为引导农村人口有序转移至小城镇，促进城乡经济协调发展和社会稳定，加快我国城镇化进程，户籍制度改革不断推进。2000 年，《关于促进小城镇健康发展的若干意见》指出，凭借联结城乡的区位优势，小城镇的发展在促进农业人口转移、带动农民增收等方面有着积极作用，有利于缓解城乡矛盾。明确要求对小城镇进行户籍制度改革，同时完善其功能及体制，规定符合条件的农民可自愿将户口迁至城镇，在子女入学、参军、就业等方面与城镇居民享受同等待遇。

2001 年 3 月，《关于推进小城镇户籍管理制度改革的意见》发布，要求在小城镇积极稳妥进行户籍制度改革，改革要因地制宜且与就业、社保等政策相配合，允许规定地区内符合条件的人员办理城镇常住户口。该意见指出，在加快农村富余劳动力转移的同时，要落实就业安置、社会保障等配套政策，要保障其在入学、参军、就业等方面的合法权益。

2010 年 4 月，《关于转移农村劳动力、保障农民工权益工作情况的报告》指出，近年来政府采取有力措施，推动外出就业的农民工规模持续扩大、收入水平逐年提高，各方面的权益得到了更多保障。要求强化就业服务、培训工作及职业危害治理，帮助更多农业转移人口在实现稳定就业的同时得到更充分的权益保障。针对农民工市民化问题，指出目前我国大部分地区尚未制定出促进其落户的具体政策，同时教育、住房等配套政策仍不完善，要求加强对该群体的公共服务，放宽规模较小城市的落户条件，推动其将户口落入流入地并更好地融入当地社会。2012 年 2 月，国务院发布《关于积极稳妥推进户籍管理制度改革的通知》，肯定了各地的探索成效并指出现存问题，要求改革应保障群众利益、适应当地实际条件，不得急功近利。该通知分类明确了户口迁移政策，对于尚未具备落户条件的农民工，则要求各地采取有效措施解决这一群体的实际问题。

自 2012 年党的十八大报告赋予了"农业转移人口市民化"国家层面的战略意义以来，中央和地方陆续出台一系列政策，积极为农民工家庭市民化创造有利条件。2013 年 2

月出台的《国务院办公厅关于深化收入分配制度改革重点工作分工的通知》,要求着重推动家庭化迁移的进程,并将新一代的农民工将户口迁至城市,同时通过再分配妥善解决与之相关的民生问题,表明政府越发重视对农民工市民化的引导与鼓励,将其视为促进农民增收的长效机制之一。2013年6月,《关于城镇化建设工作情况的报告》肯定了全国近年来在户籍制度改革、教育、医保等公共服务供给以及土地利用、整治等方面取得的成效,同时指出农民工及其随迁家属的市民化进程滞后,是我国当前城镇化质量不高的主要表现之一。该报告提出要立足于基本国情,将人口城镇化作为核心,使城市承载力提高与人口聚集保持同步,推进户籍制度改革并逐步实现公共服务覆盖面的扩大(见表3-8)。

表3-8 2000~2013年户籍制度改革相关政策解读

发布年份	政策名称	主要内容
2000年	《关于促进小城镇健康发展的若干意见》	在户籍制度方面进行改革,同时完善其功能及体制,规定符合条件的农民可自愿将户口迁至城镇,在参加子女入学、参军、就业等方面与城镇居民享受同等待遇
2001年	《关于推进小城镇户籍管理制度改革的意见》	要求户籍制度改革要因地制宜,且与就业、社保等各项政策相配合,允许规定地区内符合条件的人员办理城镇常住户口
2012年	《关于积极稳妥推进户籍管理制度改革的通知》	以城市规模为依据,制定适宜的迁户条件,维护新市民的合法权益,对于尚未具备落户条件的农民工,则要求各地采取有效措施解决这一群体的实际问题

续表

发布年份	政策名称	主要内容
2013 年	《国务院办公厅关于深化收入分配制度改革重点工作分工的通知》	要求着重推动家庭化迁移及新一代的农民工将户口迁至城市

　　该时期，农民工社会保障也在逐渐完善。2001 年 12 月，国家就农民工参加养老保险的相关事项做出具体规定，指出随着工业化和城镇化的持续推进，流动就业的农业人口规模将会持续扩大。针对该群体缺乏社会保障的问题，要求以其实际需求和高流动、低收入的特点为导向，着力解决关乎其切身利益的突出问题。2010 年 10 月，《中华人民共和国社会保险法》颁布，为农民工依法参加社会保险提供了明确依据，虽然具体配套政策尚未制定，但该法首次以法律形式赋予农民工社会保障权，对我国维护农民工合法权益的事业具有重大意义。2012 年 6 月，《社会保障"十二五"规划纲要》出台，肯定了我国在社会保障领域取得的突破，指出目前已具备了攻克难点的条件，要求针对社保制度的改革与完善工作，应着力提高公平性、可持续性以及有效性，同时要适应城镇化对制度整合的要求。该规划纲要指出，现阶段我国社保事业存在体系不完善、发展不平衡、覆盖面较窄等问题，且社保待遇在不同群体间存在较大差距，要求以农民工等群体为重点，加快制度整合、提高保障水平并扩大覆盖范围（见表 3 - 9）。

表 3 - 9　　2006～2012 年农民工社会保障相关政策解读

发布年份	政策名称	主要内容
2006 年	《关于解决农民工问题的若干意见》	针对农民工缺乏社会保障的问题，要求以其实际需求和高流动、低收入的特点为导向，着力解决关乎其切身利益的突出问题
2010 年	《中华人民共和国社会保险法》	进城务工的农村居民依照本法规定参加社会保险
2012 年	《社会保障"十二五"规划纲要》	着力提高社保的公平性、可持续性以及有效性，同时要适应城镇化对制度整合的要求，要求以农民工等群体为重点，加快制度整合、提高保障水平并扩大覆盖范围

五、2014 年至今：健全制度和保障合法权益

1978～2013 年，我国城镇化率由 17.9% 提升至 53.7%，以 1.2% 的年均增长率快速推进，推动了国民经济发展和社会结构变革，是我国改革开放取得的巨大成就之一。随着国家越发重视为流动人口提供服务和公正待遇，户籍、就业、教育等制度对人口迁移的限制作用日渐降低，家庭化迁移的趋势不断增加。家庭化迁移作为一种更健康的迁移模式，有利于提高农业转移人口定居城市的意愿，能有力推动该群体的社会融合与市民化。然而，由于涉及教育、就业、医疗、养老等现实问题，农民工举家迁移并非易事，仍有大量的农民工及其随迁家属难以融入城市社会，无法享受与市民同等的基本公共服务。为提高城镇化的整体性和持续性，2014 年我国开创性地提出了具有中国特色的新型城镇化战

略，将促进农业转移人口市民化作为贯彻"以人为核心"这一基本理念的重要手段，致力于保障该群体在生活、就业、公共服务等方面的非农化转变。此后，国家持续深化各方面的改革，积极为农民工家庭化迁移创设有利条件。

2014年3月，《国家新型城镇化规划（2014—2020年）》出台，指出城镇化的极端重要性，明确提出农村人口的非农化有利于提高人均土地面积，促进农业生产的规模化和现代化，体现了在发展形势的深刻变化下，国家对于进一步引导农业人口转移的决心。该规划指出，农民工及其随迁亲属市民化进程的滞后造成了社会矛盾凸显，已成为亟待解决的问题之一，必须更看重城镇化的质量而非速度，主要内容有：一是通过提供便捷的学籍转接服务、保障以公办学校为主入学、建立健全升学考试办法等措施，保障随迁子女平等的受教育权。二是扩大社会保障覆盖面，鼓励农民工参保，扩大该群体的参保比例；改善基本医疗卫生条件，为农民工家庭提供更多卫生服务；拓宽住房保障渠道，改善农民工居住条件。同时，该规划还关注了农业转移人口的社会融合问题，提出建设包容性城市，完善该群体的社会参与机制，逐步引导该群体融入社区、参加社会管理。

2014年9月，《关于进一步做好为农民工服务工作的意见》出台，以促进农民工与流入地的社会融合为总体目标，对诸多关乎农民工家庭切身利益的问题进行了详细说明，主要内容有：一是扩大农民工就业的规模和提高稳定性。依据农民工的不同层次，开展针对性培训和终身职业培训。二是开展关爱流动儿童活动，就其义务教育、普惠性学前教育以及中高考问题做出规定，指出输入地政府要加大并落实经费投入，完善相关政策。三是扩大城镇社会保险的覆盖面，分别就不同情况的农民工的参保问题做了说明，要求完善社会保险关系转移接续政策。此外，为促进农业转移人口更好地融入社会，提出要保障该群体的民主政治权利、满足其精神文化生活，体现了国家对农业转移人口从物质到精神的全面关怀。

为推动新型城镇化的健康可持续发展，保障城镇常住人口享有基本公共服务的权益，国务院于2015年12月发布了《居住证暂行条例》。以法律的形式，将居住证与各种基本权益挂钩，详细说明了居住证的申领要求和流程、以此为凭证可获得的基本服务和生活便利等，同时就居住证持有人落户相关事宜做出详细阐释，要求相关主体依法履行责任。居住证制度能有效解决流动人口在居住地工作和生活中面临的问题，有利于提升其生活质量，增加其举家迁移的意愿。

2016年，我国连续出台多项有关农民工家庭化迁移的政策，内容涉及社会保障、就业、教育、财政等诸多领域，表明政府越发重视政策的全局性与政策之间的关联性。2016年1月，《关于全面治理拖欠农民工工资问题的意见》发布，指出要以工程建设等劳动密集型行业为重点，建立完善的制度保障体系和工作体系，尽快实现有法可依，切实保护农民工的劳动所得。2016年2月，为总结经验，深入推进新型城镇化建设，《关于深入推进新型城镇化建设的若干意见》出台，其中有关农民工家庭化迁移的内容主要有：第一，深化户籍制度改革，鼓励以家庭为单位的迁移。第二，实行全覆盖的居住证制度，保障持有者获得各项基本服务和便利，鼓励各地逐步提升居住证的含金量，争取实现常住人口平等地享有各项合法权益。第三，保障随迁适龄儿童的学前教育和义务教育，针对该群体流动性强的特点，为其提供政策上的便利。第四，维护进城落户农民的合法权益。

2016 年 7 月，《人力资源和社会保障事业发展"十三五"规划纲要》发布，将农民工群体作为重点关注对象之一，指出要以更为积极的政策广开就业创业门路，建立起更具公正性和流动适应性的社会保障制度。要求提高劳动力市场的公平性和灵活性，为农民工提供符合市场需求的免费职业培训，同时要求做好该群体的参保工作。为适应新型城镇化对义务教育发展的新要求，《关于统筹推进县域内城乡义务教育一体化改革发展的若干意见》于 2016 年 7 月出台，指出目前城镇学位供给不能充分满足人口流动的需求，明确要求学位供给和就学机制要适应于常住人口的变动。将居住证作为入学的主要凭证，以公办学校为主安排就学，禁止校方向随迁子女收取有别于本地户籍学生的任何费用。2016 年 8 月，《关于实施支持农业转移人口市民化若干财政政策的通知》发布，明确要求强化地方政府的主体责任，加大财政支持力度，体现了国家对此问题的高度重视。除强调基本公共服务供给外，还要求维护进城落户农民的合法权益，消除其落户的顾虑。

2016 年 9 月，《推动 1 亿非户籍人口在城市落户方案》出台，指出要破解户籍迁移的障碍，明确了工作目标和任务，主要要求有：实施差别化落户政策，逐步取消各种不合理的落户限制，加快完善财政、土地、社保等配套政策，保障新增户籍人口平等地享有在城市中生活的各项基本权益和待遇。2017 年 4 月，《国务院关于做好当前和今后一段时期就业创业工作的意见》出台，指出就业形势既面临着失业风险上升、结构性矛盾加剧的挑战，又存在新兴业态带来的变化，要求将稳定和扩大就业作为经济工作的重点，着重抓好农民工等群体的就业创业，具体措施有：要求相关机构为外来劳动者提供均等化的就业服务和就业扶持；推出覆盖全体新生代农民工且符合其特点的职业培训，引导该群体在新业态、新产业就业创业。

2018 年 5 月，国务院出台了《关于推行终身职业技能培训制度的意见》，指出经济转型升级期间职业技能培训对实施人才强国战略的重要性，要求开展针对农民工群体的"春潮行动"，促进该群体职业技能的提升。2019 年 3 月发布的《2019 年新型城镇化建设重点任务》中，着重强调要抓好农业转移人口落户工作，要求在原有基础上进一步加大户籍制度改革力度，同时提高城市的服务能力和承载力，要求在义务教育、医疗保险、养老保险、公共就业服务等方面充分保障其权益。这表明我国对城镇化的全局规划达到了新的高度，不仅注重新迁入城市的人口数量，更重视同步提高城市的服务能力，以城市经济发展、服务完善提高其吸引力，促进农业人口自发地以家庭为单位进行迁移。

稳定就业能为家庭化迁移提供重要的经济基础，2019年7月发布的《关于大力发展实体经济积极稳定和促进就业的指导意见》要求在加快推进农业转移人口市民化进程的同时，持续提升城镇聚集产业和吸纳就业的能力，体现了国家为确保该群体在城市稳定生活所做的努力。2020年4月，《2020年新型城镇化建设和城乡融合发展重点任务》出台，要求简化迁户手续，以常住人口数量为依据，分类指导各类城市取消或合理放宽落户限制，同时要求完善配套的各项基本公共服务，促进迁入人群更好地融入城市，提高城镇化质量。2020年5月1日，《保障农民工工资支付条例》正式实施，就工资支付形式与周期、农民工维权途径、企业侵害农民工权益的处罚以及各部门的职责做出明确规定，为根治拖欠农民工工资问题提供了强有力的法治保障。2020年6月，财政部发布了《关于下达2020年农业转移人口市民化奖励资金预算的通知》，要求省级财政部门将奖励资金重点向能有效推进农业转移人口市民化的地区倾斜，强调要切实保障农业转移人口随迁子女义务教育。

2021年3月，"十四五"规划出台，指出要加快推动农业转移人口全面融入城市，提出的要求主要有：第一，深化户籍制度改革。除个别超大城市外，其余城市要放开放宽落户限制，超大城市要为居住证持有者提供更多基本公共服务和办事便利。第二，健全农业转移人口市民化机制。财政转移支付、财政性建设资金要与城市落户的农业转移人口数量相关，要依据人口流动的实际情况调整各地的编制定额和基本公共服务设施布局等。在保障农民工权益方面，提出加快城镇学校扩容增位，保障农民工子女的受教育权；全面清理限制性政策，促进平等就业；实现社会保险法定人群全覆盖，提高职业劳动者参与失业保险、工伤保险的比例。同时，为促进农民工就业和增加收入，提出要以农民工等群体为重点，完善就业支持体系，实施扩大中等收入群体计划。

2021年4月，《2021年新型城镇化和城乡融合发展重点任务》出台，要求推动农业转移人口有序有效融入城市，面向家庭化迁移的农业转移人口及新生代农民工，明确要求提高其落户便捷性，通过补贴性培训、扩大职业院校招生规模等提升该群体的技能素质。2022年2月，《"十四五"推进农业农村现代化规划》出台，在我国消除了绝对贫困、农村改革深入推进的大背景下，对当今农村工作如何解决突出矛盾提出要求，指出要将保持农民在城乡间的流动性作为缓冲经济社会风险的重要手段。针对农民市民化问题，指出要提高县城的人口吸纳力以促进农民就地城镇化，同时再次强调要保障新市民的合法权益，帮助其切实融入城市。2022年2月发布的《中共中央 国务院关于做好2022年全面推进乡村振兴重点工作的意见》继续为农民工家庭化迁移提供利好，给予该群体高度重视，要求通过技能培训、发展新业态和服务业等措施促进其稳岗就业，首次提出要促进县域内市民化质量的提高（见表3-10）。

表 3－10　　　2014～2022 年农民工相关政策解读

发布年份	政策名称	主要内容
2014 年	《国家新型城镇化规划（2014—2020 年)》	提升城市服务能力，建设包容性城市
2015 年	《居住证暂行条例》	将居住证与各种基本权益挂钩，详细说明了居住证的申领要求和流程、以此为凭证可获得的基本服务和生活便利等，同时就居住证持有人落户相关事宜做出详细阐释，要求相关主体依法履行责任
2016 年	《关于统筹推进县域内城乡义务教育一体化改革发展的若干意见》	要求改革流动学生就学机制，流入地政府要强化责任，以公办学校为主安排就学，校方不得对其收取有别于本地户籍学生任何费用
2017 年	《国务院关于做好当前和今后一段时期就业创业工作的意见》	抓好农民工等重点群体的就业创业，要求相关机构为外来劳动者提供均等化的就业服务和就业扶持，推出覆盖全体新生代农民工且符合其特点的职业培训
2018 年	《关于推行终身职业技能培训制度的意见》	要求开展针对农民工群体的"春潮行动"，促进该群体职业技能的提升
2019 年	《关于大力发展实体经济积极稳定和促进就业的指导意见》	要求在加快推进农业转移人口市民化进程的同时，持续提升城镇聚集产业和吸纳就业的能力
2020 年	《关于下达 2020 年农业转移人口市民化奖励资金预算的通知》	要求省级财政部门将奖励资金重点向能有效推进农业转移人口市民化的地区倾斜，切实保障农业转移人口随迁子女义务教育
2021 年	《2021 年新型城镇化和城乡融合发展重点任务》	推动农业转移人口有序有效融入城市，面向家庭化迁移的农业转移人口及新生代农民工，明确要求提高其落户便捷性，通过补贴性培训、扩大职业院校招生规模等提升该群体的技能素质

发布年份	政策名称	主要内容
2022 年	《"十四五"推进农业农村现代化规划》	提高县城的人口吸纳能力以促进农民就地城镇化，保障新市民的合法权益，帮助其切实融入城市
	《中共中央 国务院关于做好 2022 年全面推进乡村振兴重点工作的意见》	通过技能培训、发展新业态和服务业等措施促进农民工稳岗就业，首次提出要促进县域内市民化质量的提高

第二节　安徽省农民工家庭化迁移政策的制度变迁

长久以来，安徽省作为农业大省，整体经济发展水平显著落后于沿海地区：以 2017 年为例，安徽省人均消费水平为 17141 元，而浙江、江苏的人均消费水平分别为 33851 元和 35024 元。随着我国逐渐放宽对人口流动的限制，经济相对滞后促使安徽省人口大量向省外流动，2020 年安徽省人口净流出高达 966 万人。近年来，随着安徽省经济的稳步发展，省内基础设施、公共服务和社会保障水平显著提升，安徽省流动人口省内就业的比例呈现出明显的上升趋势：2016 年，安徽省流动人口中流往外省的比例为 67.45%，2019 年，这一数字已下降为 65.9%，人口回流为安徽省经济建设提供了必要的人力资源，有利于省内经济的协调发展。安徽省人口回流的动力，除了经济因素外，还得益于近年来安徽省采取积极的就业政策、深入推进户籍制度改革、保障流动人口随迁子女的受教育权、保障流动人口的合法权益等。

一、为农民工就业创造有利环境

21 世纪初期，农业转移人口规模大幅扩大，劳务市场整体呈供过于求的状态，导致农民工在进城就业时处于弱势地位。由于劳务市场不规范、监管不到位等原因，大多数农民工未与用人单位签订劳动合同，工资经常被拖欠，严重影响了农民工的切身利益和社会稳定。2004 年以来，为切实保障农民工工资支付，安徽省政府接连出台了一系列相关政策。2004 年 2 月，安徽省人民政府办公厅发布了《关于切实解决拖欠农民工工资问题的通知》，要求各部门要加强协作，强化对用人单位的督促检查，做好拖欠农民工工资清偿工作。2007 年 2 月，《关于做好清理拖欠农民工工资工作的紧急通知》由安徽省人民政府办公厅发布，分别明确了省劳动厅、省交通厅、省发展改革委等部门的职责，要求各部门密切配合，加强劳动监察。指出要畅通农民工的维权渠道，做好查处工作，提出通过建立农民工工资支付保证金制度、信用约束和失信惩戒机制，建立健全清欠工作长效机制，切实保障农民工的合法权益。

2011 年 2 月，安徽省人民政府发布《关于加强职业培训促进就业创业的通知》，要求面向农村转移就业劳动者等群体开展就业技能培训,力争全体有就业需求的城乡劳动者都有机会获得就业技能培训;要求从各地的实际需求出发,因地制宜建设一批对全体劳动者开放的公共职业训练基地,同时加大政府资金支持的力度。2015年6月,《安徽省人民政府关于进一步做好为农民工服务工作的实施意见》出台,进一步强调增加农业转移人口就业规模,改善其劳动条件,要求各级政府重视组织领导并深化相关改革。主要提出如下要求:一是保障现有工作岗位和创业规模的稳定和扩大,为农民工开展终身职业培训,通过破解制度障碍促进平等就业,开发岗位并优化服务等;二是确保农民工的合法权益得到切实维护。

2016年10月,安徽省人民政府办公厅出台了《关于全面治理拖欠农民工工资问题的实施意见》,主要就保障农民工依法获得劳动报酬提出如下意见:一是通过劳动合同管理、农民工实名制管理、施工现场维权信息管理,提高企业用工管理的规范性。二是进一步为工资支付提供强有力的制度保障,如建立保证金制度、委托银行代发等。三是加强对重点领域的监管,严格落实责任。同时指出要依法严惩拖欠工资的行为,必要时追究其刑事责任。2017年6月,安徽省人民政府办公厅出台了《关于完善支持政策促进农民持续增收的实施意见》,将推进农民转移就业作为促进农民增收的重要推手,在支持农民工就业方面,指出要健全集职业培训、就业服务、劳动维权于一体的农民工服务机制,通过提高职业培训的质量、深化省内劳务对接、优化基层就业服务等措施，引导农民工有序转移就业。

2018年1月，《安徽省保障农民工工资支付工作考核办法》出台，要求在2017~2020年的3年内，每年度进行一次考核工作，并将考核结果纳入政府目标管理绩效考核。指出考核工作采取分级评分法，要按照各地自查、实地核查、综合评议三个步骤实施，并就评级依据和处理办法做了明确说明。2018年4月，安徽省人民政府发布了《关于进一步促进当前和今后一段时期就业创业工作的通知》，指出要打破劳动市场力的分割，破解制约农村劳动力转移就业的制度，促进城乡劳动者平等就业。要求各级政府保障城乡劳动者平等享有就业方面的服务与政策，并逐步促进异地劳动者公正地获得就业支持。

2020年12月，安徽省人民政府办公厅发布了《关于支持多渠道灵活就业的实施意见》，主要内容有：一是持续深化商事制度改革，简化登记、审批手续，为从事个体经营的农民工等就业困难群体给予税收优惠、创业补贴等政策支持。二是通过财政、金融等针对性扶持政策、政府购买服务等，推动相关行业增加就业岗位，提升吸纳就业能力。三是优化自主创业环境，加强审批管理服务，落实相关停征免收政策，为自主创业人员提供低成本的场地，鼓励有条件的地区优先为农民工等重点群体提供免费的经营场地。四是通过开展培训、优化人力资源服务、强化劳动权益保障等措施，切实为灵活就业提供保障。该实施意见的出台，有利于破除安徽省内灵活就业方面的限制，创造更有利于灵活就

业的环境，为农民工这一就业困难群体提供了更多的就业
机会（见表3-11）。

表3-11　2004～2020年安徽省支持农民工就业相关政策解读

发布年份	政策名称	主要内容
2004 年	《关于切实解决拖欠农民工工资问题的通知》	要求各部门要加强协作，强化对用人单位的督促检查，做好拖欠农民工工资清偿工作
2007 年	《关于做好清理拖欠农民工工资工作的紧急通知》	明确各部门的职责，要求各部门密切配合，加强劳动监察，畅通农民工的维权渠道并做好查处工作，建立健全清欠工作长效机制
2011 年	《关于加强职业培训促进就业创业的通知》	面向农村转移就业劳动者等群体开展就业技能培训，要求因地制宜建设一批对全体劳动者开放的公共职业训练基地
2017 年	《关于完善支持政策促进农民持续增收的实施意见》	健全农民工服务机制，通过提高职业培训的质量、深化省内劳务对接、优化基层就业服务等措施，引导农民工有序转移就业
2020 年	《关于支持多渠道灵活就业的实施意见》	通过改革制度，提供各类服务和经济支持，引导个体经营、强化政策扶持，提升相关行业的质量和吸纳就业能力，实施品牌项目，扶持非全日制就业，支持并规范新兴业态

二、推进户籍制度改革

2011年8月，安徽省出台了《关于积极稳妥推进户籍
管理制度改革的意见》，强调城镇化工作要重视规律性和协

调性，迁户条件需符合各地的实际情况，同时要辅以配套的管理方式和相关政策。该意见针对不同地区的实际情况，分类制定了户口迁移政策，以确保人口流入适应当地的经济社会发展水平和综合承载力。为保障农村人口转户城镇居民后的就业和生活，指出要通过完善多方面的保障机制，促进转户城镇居民在就业、教育、医疗、社会保障、住房等方面与当地居民享有同等待遇。同时，该意见提出要逐步实行居住证制度，以保障城镇暂住人口的权益。2012 年 9 月，安徽省发布了《经济强省建设实施纲要》，要求强化城市综合承载力，通过就业、住房以及社会保障上的制度性安排，创造有利于农民进城的环境，逐步向所有常住居民提供基本公共服务。

2013 年 3 月 1 日，《安徽省流动人口居住登记办法》正式实施，详细说明了流动人口居住登记的相关事宜，规定了申领居住证的条件。指出要加强对流动人口的服务和管理，要求逐步扩大居住证持有者享受的基本公共服务范围，完善服务管理信息系统。2013 年 3 月，安徽省人民政府办公厅发布了《关于推进实施流动人口居住证制度的意见》，规定满足一定条件的居住证持有者，拥有进行选民登记、申请登记常住户口、申请保障性住房、免费享有基本公共卫生服务等权利。同时，该意见还涉及社会事务办理、法律援助申请、随迁子女入学等关乎流动人口切身利益的事务，进一步落实和完善了便民措施，保障了流动人口的基本权益。2013 年 12 月，安徽省人民政府办公厅印发《关于建设皖北"四化"协调发展先行区的意见》，要求加快户籍制度改革，逐步促进城镇就业的农业转移人口落户。同时指出要大力推行居住证制度，加大对公共服务的投入力度，促进农民工融入城镇。

2015 年 2 月，安徽省人民政府印发了《国家新型城镇化试点省安徽总体方案》，制定了初步建成农业转移人口市民化促进机制的目标，明确指出要深化户籍制度改革。要求以总体放宽落户限制为原则，制定差异化户口迁移政策，逐步实现城乡户籍一元化，全面落实居住证制度。2015 年 5 月，《安徽省人民政府关于进一步推进户籍制度改革的意见》指出要在综合考虑各地实际情况的基础上，指导各市分类设定落户条件，有序推进农业转移人口市民化。同时，为促进人口向城市综合承载能力较强的皖江城市带转移，优化省内人口空间布局，要建立由皖北到皖江的跨区域人口迁移机制。针对城乡二元户籍制度中存在的城乡居民待遇不一致问题，指出要取消不同户口性质的划分，统一城乡户口登记并制定相应的配套制度，同时提出要全面实施居住证制度。

2016 年 9 月，《关于深入推进新型城镇化试点省建设的实施意见》由安徽省人民政府出台，指出要以人的城镇化为核心，通过增强农业转移人口进城落户意愿和能力、增强城镇综合吸引力和承载力等措施，进一步深化户籍制度改革，确保有意愿、有能力的农业转移人口落户城镇，支持各市制定政策推动居住证持有者在当地落户。2017 年 2 月 1

日，《安徽省流动人口居住登记办法》正式施行，要求各方重视流动人口服务管理工作，就申领居住证的有关事项做出规定。详细说明了居住证持有者依法享受的基本公共服务、便利以及拥有的合法权利，同时指出将逐步完善并扩大居住证的使用功能，推动城市全体常住人口平等享受基本公共服务。

2017 年 4 月，安徽省出台《推动非户籍人口在城市落户实施方案》，要求全方面使落户门槛更为宽松，禁止进行不合理的限制，促进符合条件的农业转移人口以家庭为单位落户于城市。为了保障新落户人群享有基本的公共服务，加快农业转移人口市民化，提出要加大财政支持力度，将财政资金更多地投向吸纳较多农业转移人口的地区。同时，文件还就进城落户农民的住房保障、子女就学、医疗保障等方面做了详细说明，通过完善配套服务，提升城市的吸引力，提高农业转移人口进城落户的意愿，促进经济持续健康发展。2017 年 12 月，为加快农业转移人口市民化，安徽省人民政府办公厅发布了《关于提高户籍人口城镇化率、加快推进新型城镇化若干政策的通知》，支持合肥合理降低落户门槛，积极为农民工家庭化迁移提供便利。该通知符合新型城镇化战略重视质量甚于速度的内涵，不仅要求全面放开其余所有城市的落户限制，还强调提高新市民的生活质量，要求对农民进城购房给予更多金融支持、完善社会保障体系，进一步加大对农业转移人口随迁子女教育的保障力度，支持在合肥市开展住房租赁试点，为符合条件的承租人子女提供就近入学等公共服务（见表 3 – 12）。

表 3 – 12 　　　　安徽省推进户籍制度改革相关政策解读

发布年份	政策名称	主要内容
2011 年	《关于积极稳妥推进户籍管理制度改革的意见》	分类制定户口迁移政策，逐步实行居住证制度
2013 年	《安徽省流动人口居住登记办法》	规定了申领居住证的条件，要求对流动人口加强服务和管理，扩大其享有的基本公共服务范围，完善服务管理信息系统
2015 年	《国家新型城镇化试点省安徽总体方案》	总体放宽落户限制，制定差异化户口迁移政策，全面落实居住证制度
2016 年	《关于深入推进新型城镇化试点省建设的实施意见》	增强城镇综合吸引力和承载力，支持各市制定政策推动居住证持有者在当地落户

三、保障农民工及其随迁亲属合法权益

随着国家对农民工问题的认识日渐深入和相关政策的陆续出台，农民工的境况得到了较大的改善，生活水平和经济社会地位逐步提高。然而，与普通市民相比，农民工就业稳定性较弱、权益屡遭侵害、享受的基本公共服务有限以及落户困难等问题，阻碍了农民工市民化的进程。

保障农民工随迁子女平等接受义务教育。2006 年 9 月，安徽省人民政府发布了《关于进一步推进义务教育均衡发展的意见》，要求着力解决校际办学条件差距大、弱势学生群体就学困难的问题。指出要进一步畅通农民工子女就学渠道，要求各级政府承担责任，以全日制公办学校为主接收，清理取消借读费、赞助费等不合理收费。2015年2月，安徽省人民政府印发了《国家新型城镇化试点省安徽总体方案》，针对随迁子女教育问题，指出要在其义务教育、职业教育、异地升学考试等方面加强保障。2015年6月，《安徽省人民政府关于进一步做好为农民工服务工作的实施意见》出台，关心农民工及其亲属的社会融入和权益保护，高度重视流动学生受教育的公平性，要求公共教育服务体系应包括该群体的义务教育和学前教育，增加对公办学校的教育经费投入，提高其办学规模和质量，使其能吸纳更多流动学生。

2015年8月，安徽省教育厅等部门发布了《关于统筹城乡教育资源 保障流动人员随迁子女平等接受义务教育的实施意见》，体现了对随迁子女义务教育问题的重视、关心和支持。该实施意见就随迁子女在流入地的入学、升学、费用等问题做出明确规定，要求将其就学障碍全面清除，保障其平等的受教育权利。重视随迁子女的融入状况，要求为其就学创造良好环境，不得与当地学生区别对待。2018年2月，《安徽省人民政府办公厅关于进一步加强控辍保学提高义务教育巩固水平的通知》由安徽省教育厅发布，将进城务工人员随迁子女列为重点教育扶贫对象之一，防止因贫失学现象的发生。建立包括政府、学校、家长等多方联动的防辍机制，积极为该群体入学创设有利的社会环境，要求各地的教育资源供应和分配充分满足流动人口的需求，建立起以居住证为主要凭证的入学制度，消除入学的不合理障碍。2018 年 12 月，安徽省出台了《关于进一步调整优化结构提高教育经费使用效益的实施意见》，指出要提高教育的公平和质量，着力解决流动学生等困难群体的就学等问题。

改善农民工居住环境。2007 年 12 月，安徽省人民政府出台《关于解决城市低收入家庭住房困难的实施意见》，明确要求多主体参与，为农民工提供能满足其基本需求的居住场所，要求用工方供给的住所要满足一定的安全和卫生标准，鼓励有条件的地区建设与农民工特点相适应的住房，收取其能承受的租金。2013 年 11 月，《安徽省保障性住房建设和管理办法（试行）》发布，将在城市稳定就业的外来务工人员列为住房保障对象，要求保障性住房建设应考虑居民各方面的需求，并严格确保住房质量。2015 年 6 月，《安徽省人民政府关于进一步做好为农民工服务工作的实施意见》发布，要求增加政策支持，通过多种措施进一步改善农民工的居住条件，如对其购买商品住房提供政策优惠、鼓励企业为其建设集体宿舍等。2015 年 10 月，《安徽省住房和城乡建设厅关于推进公共租赁住房货币化保障的指导意见》出台，要求稳步扩大公租房保障的范围，逐步将符合条件的外来务工人员和农业转移人口纳入其中，鼓励为不同条件的保障对象发放差别化补贴。

2016 年 9 月，安徽省人民政府发布了《关于深入推进新型城镇化试点省建设的实施意见》，要求建立购租并举的住房制度，充分满足不同收入水平的新市民的需求，保证城镇化质量。一方面，通过出台差异化住房补贴、调整差别化住房信贷政策等措施，支持新市民购买商品房；另一方面，鼓励企业、市民、银行多方参与住房租赁市场，满足新市民租房居住的需求。2021 年 3 月，安徽省住房城乡建设厅发布了《关于做好 2021 年城镇住房保障工作的通知》，致力于解决新市民的住房困难问题，要求完善住房保障体系，在人口净流入大城市发展政策性租赁住房。2022 年 1 月，《关于加快发展保障性租赁住房的实施方案》由安徽省人民政府办公厅印发，指出将通过各种支持政策，在市场机制的作用下引导社会各方参与，解决新市民、青年人等群体的住房困难问题（见表 3 – 13）。

表 3 – 13　　　安徽省保障农民工及其随迁亲属

合法权益相关政策解读

发布年份	政策名称	主要内容
2006 年	《关于进一步推进义务教育均衡发展的意见》	要求各级政府承担责任，进一步畅通流动学生就学渠道，清理取消不合理收费问题
2007 年	《关于解决城市低收入家庭住房困难的实施意见》	针对农民工，要求单位为其供给的住所要符合基本条件，鼓励有条件的地区建设与其特点相适应的住房，收取其能承受的租金
2013 年	《安徽省保障性住房建设和管理办法（试行）》	将在城市稳定就业的外来务工人员列为住房保障对象，要求保障性住房建设应考虑居民各方面需求，并严格确保住房质量

续表

发布年份	政策名称	主要内容
2015 年	《安徽省人民政府关于进一步做好为农民工服务工作的实施意见》	要求公共教育服务体系包括该群体的义务教育和学前教育，增加对公办学校的教育经费投入，提高其办学规模和质量，使其能吸纳更多流动学生；改善农民工的居住条件，如对其购买商品住房提供政策优惠、鼓励企业建设农民工集体宿舍等
	《关于统筹城乡教育资源 保障流动人员随迁子女平等接受义务教育的实施意见》	要求全面清除不合理就学障碍，为其就学创造良好环境，不得与当地学生区别对待
2016 年	《关于深入推进新型城镇化试点省建设的实施意见》	要求建立购租并举、满足新市民需求的城镇住房制度；通过出台差异化住房补贴、调整差别化住房信贷政策等措施，支持农业转移人口购买商品房；鼓励企业、市民、银行多方参与住房租赁市场
2018 年	《安徽省人民政府关于进一步加强控辍保学提高义务教育巩固水平的通知》	将进城务工人员随迁子女列为重点教育扶贫对象之一，防止因贫失学现象的发生。积极为随迁子女就学创造有利条件，要求有序增加城镇学位供给，全面实施以居住证为主要依据的入学制度
2021 年	《关于做好 2021 年城镇住房保障工作的通知》	要求完善住房保障体系，解决新市民的住房困难问题
2022 年	《关于加快发展保障性租赁住房的实施方案》	通过各种支持政策，引导社会各方参与，缓解住房困难

第三节 本章小结

农民工是我国工业化、城镇化进程中形成的特殊社会群体，为我国经济建设做出了重要贡献，但因早期种种不合理的制度安排而成为社会中的弱势群体和边缘群体，权利保障亟待进一步完善。近年来，随着一系列有利政策的出台，农民工迁移逐渐呈现出家庭化特征，在促进该群体的社会融合与市民化、推进新型城镇化战略方面发挥着积极作用。回顾与研究我国农民工家庭化迁移政策的变迁，可知随着经济社会的发展，政策思路发生了巨大转变：早期政府对农村人口迁移持否定态度，通过就业、户籍等制度安排严格限制农村劳动力的流动，造成社会不公正现象凸显、城乡发展不协调等问题。自20世纪90年代中期起，政府认识到人口流动是经济社会发展中的必然现象，对农民工问题的看法日益全面化、系统化，越发重视对农民工家庭合法权益的保障，为创设有利于农民工家庭化迁移的条件做出了诸多努力。

第一，改善农民工就业环境。农民工就业中存在的主要问题是就业困难及合法权益受到侵害，就业困难主要源于就业中的不合理限制，以及农民工必要技能的缺乏；合法权益受损主要表现为工资水平低、生产安全性低、欠薪事件频发等。针对就业困难问题，政府大力开展职业技能培训，逐步加强培训的覆盖面和针对性，并通过政策激励和财政投入保障培训成效，同时致力于清理行政审批、工种限制、从业资格等方面的歧视性规定，完善就业服务体系。针对就业权益保障问题，出台一系列政策法规保障农民工工资支付、增加其务工收入，就生产安全以及维权途径做出详细规定并明确相关主体责任，全方位规范劳动市场。

第二，推进户籍制度改革。引导农村人口有秩序地向城镇转移，在增加我国经济发展的协调性、可持续性的同时，维护社会秩序的稳定和推进城镇化进程。在早期，城乡二元户籍制度对我国工业化进程起到了重要推动作用，但同时也催生出农民工这一特殊社会群体，并造成了社会不公和城乡分割。从 20 世纪 80 年代开始，我国对户籍制度进行了三轮重要的改革，先是通过暂住证及身份证制度放松了对城乡间人员迁移的约束，再是以小城镇为改革重点，放宽农民落户标准，同时鼓励各地出台探索农转非的地方性政策，最后则是始于 2014 年的新一轮户籍制度改革，以农业转移人口市民化为主要目标，重点着眼于户口迁移政策调整、人口管理创新以及合法权益保障。户籍制度的改革以及配套政策的完善，增加了农民工举家迁入城市的意愿，在推进农民工家庭化迁移方面起着至关重要的作用。

第三，完善社会保障体系和教育体系。城乡区分的户籍制度与劳动就业制度、社会保障制度、教育制度等紧密结合，将我国公民划分为市民与农民两个群体，在医疗、养老、教育、就业等方面给予二者不平等的待遇，导致农民的经济、社会地位长期以来低人一等。多方面的不公正待遇和边缘化的社会地位，是影响农民工举家迁入城镇的重要原因。多年来，政府为改善农民工家庭在城市的边缘地位，将保障农民工随迁子女受教育权、解决农民工家庭社会保障问题作为工作的重点。在教育方面，坚持流入地政府负责，以公办学校为主接收随迁子女入学，切实维护该群体平等接受义务教育的权利，同时针对升学考试问题制定具体政策。在社会保障方面，以农民工实际需求为导向，优先解决工伤保险和大病医疗保障，逐步解决养老保障，高度重视社会保险关系转移接续工作，进一步扩大社会保障覆盖范围，逐步提高各项社会保障水平，缩小社会保障待遇差距。

第四章 农民工家庭化迁移的理论基础

第一节 二元经济结构理论

一、主要内容

刘易斯于 1954 年发表了《劳动无限供给下的经济发展》一书，首次提出了二元经济模式，开创了二元经济结构理论的先河。在刘易斯看来，在经济发展中主要有两个部门：现代部门与传统部门。现代行业吸收了城市中的先进技术，以高生产率的工业作为典型，而传统行业的生产方式相对落后，主要依靠自给自足的低生产率的农业行业，这样的差异导致了农村剩余劳动力持续地向城市现代行业转移。在刘易斯模型中，假定只要向劳动者支付最低生活保障，就能得到无穷无尽的劳动力供应，这一迁移过程将一直持续下去，直至传统行业的剩余劳动力被现代行业所吸纳。这是经济发展的第一阶段，此后，现代化的经济部门只能通过提高工资水平来吸纳农村劳动力，从而使其从无限制的供给变得有限，二元经济转变为一元经济，这个转折点被称为"刘易斯拐点"。

费景汉和拉尼斯在刘易斯模型的基础上，研究了两部门均衡增长的二元经济结构理论，提出了重视技术发展的"拉-费模型"，清晰地表明了农业部门和工业部门的相互关系，从而强调了农业在工业化进程中的重要作用。相比于刘易斯二元经济模型的两个阶段，该模型扩展到了三个阶段：在第一阶段，农村存在着大量的富余劳动力，这些劳动力从农村迁移到城镇并不会降低农村的生产率，这时，工业部门可以通过固定的最低工资水平来吸引更多的农村剩余劳动力，从而产生农业剩余产品，供给进入城镇产业的工人。在第二个阶段，由于农民持续地向外流动，农业领域的规模缩小，农产品产量和供应量下降，物价上升，工业领域的工资也随之上升。第三个阶段为从传统农业到现代农业的转型期，在这一阶段，工人和农民的工资水平均取决于他们的边际生产力。拉-费模型认为，要想实现工业规模的扩大，必须有较高的农业劳动生产率。农业生产停滞不前，工业就不能继续扩大，也不能把所有的农业剩余劳动力都转移出去。该模型指出了工业和农业共同发展的重要意义，提出技术进步、人口增长、产业资本积累等对农村劳动力外迁起着重要的作用。

刘易斯、费景汉、拉尼斯等的模型均假设传统农业中有过剩的劳动力，并且在一元经济时期以前，两个行业中的工资都是不变的，乔根森对这一观点做了修改，他假定在发展中国家没有过剩的劳动，而且在农业部门没有零边际生产力的劳动力，农业和工业两个部门的工资也不是一成不变的，它们会随着资本积累的增加和技术的进步以相同的比例增长，也就是说，农业和工业之间的工资差距是一个常数。根据乔根森的观点，农业生产向工业生产转移的充要条件是农业生产剩余，当农业生产剩余为零时，就不存在劳动力转移。只有当农业剩余大于零时，才会出现农村剩余劳动力的转移。乔根森的劳动理论强调技术进步对农业生产率的作用，他提出了一个新的观点，农业技术水平不断提升，会使农业剩余持续增长，并使其进入城市，其规模与农业剩余的多少有关。

托达罗通过引入城市问题拓展了二元经济结构理论。托达罗模型是以发展中国家城市失业问题为基础，以减少农村劳动力进入城市为核心的。在此模式下，农民工是否进入城市，不仅与不同城市之间的实际收入差异有关，而且与城市内的失业状况密切相关。就业概率在迁移决策中发挥重要作用。托达罗模型假设，在发展中国家，农村地区没有过剩的劳动力，而城镇地区则出现了大规模的失业。假设在城市产业中，工资的高低受到政治因素的影响，并非一成不变，而是呈递增趋势。托达罗模型以城镇失业为研究重点，将就业率视为影响人口流动的主要因素，并将其作为研究对象，重点关注农村与农业的发展。相信依赖于工业发展并不能解决当前城市中的高失业率问题，即便城市产业的发展能够跟上劳动力需求的增长，也不能靠扩大城市现代产业来解决城镇就业问题。要杜绝一切人为的扩大城乡收入差距的做法，解决城镇就业问题的根本途径是发展乡村经济。

许多学者对二元经济结构理论进行了完善，比如达威里从传统部门和现代部门之间的关系以及各个部门的变迁历史角度出发，拓展了一般均衡模型。无论是刘易斯、费景汉、拉尼斯还是乔根森，都把农业过剩、劳动力转移到工业领域当作实现工业化的路径，他们认为，只有农业过剩劳动力与劳动资本有机结合，以及农业过剩为工业发展提供了资金，才能实现经济的发展。二元经济结构理论是人口迁移理论的典型代表，其研究重点是经济增长、经济结构变迁等对人口流动的作用，对于认识人口流动的动因及影响因素具有重要意义。

二、简要评价

二元经济结构理论解释了农民工背井离乡的原因。农村地区经济较为落后，劳动边际生产率低下，劳动者的收入难以维持基本的生活需要，就业机会少导致劳动力资源的配置不合理。与农业部门相反，现代工业部门的劳动力资源配置效率和劳动生产率普遍较高，工资收入也较高。作为一个农业大国，我国有大量的农村剩余劳动力，而较高的工资水平又将大量的农村适龄劳动力吸引到城镇。但是，农村剩余劳动力向城市的转移并非是无限的，因为劳动力的供给是有限的，劳动力与资本一样都是稀缺资源。城镇产业吸纳了农村剩余劳动力，使农村劳动力的边际生产率得到了提高，农户的实际收入得到了提高；如果要重新雇用工人，工业部门就需要提高工资标准，否则，这些工人的迁移就会被搁置。

二元经济结构理论解释了我国社会二元经济结构的成因。中国是一个具有"多重二元结构"的国家，中国农村人口比重较大，城市化率相对较低，人口结构性矛盾十分突出：城乡分离，城市和农村的居民因户口不同形成了两种不同的身份体系。城镇与乡村构成了两个彼此独立的经济部分。乡镇企业的发展构成了城市和农村两个主要的工业体系。城乡之间的经济发展差距很大，并且有不断拉大的趋势。我国的"多重二元结构"将造成城镇化进程迟缓、农村经济转型与农业现代化进程受阻、国民经济的比重失衡等问题。这使得国有资产的分配更加不合理，导致了资源的浪费，降低了经济效益。目前，我国现行的户籍制度、居住证制度已成为制约我国农村剩余劳动力向城市、乡村等地区迁移的主要障碍。这就造成了农村的贫困化和一系列社会问题。许多发展中国家都经历了一个由传统农业向二元社会过渡，然后向工业化社会过渡的过程。二元社会与传统的农业社会相比，是一种较高层次的发展。但是，在经济和社会发展到一定程度之后，城乡之间的分离、对立和差距过于巨大，就会对社会和经济的进一步发展产生不利影响。摆脱二元经济体制，进入工业化社会，是我国目前亟待解决的重要问题。

二元经济结构理论强调不同部门的共同平衡发展。根据该理论，发展中国家经济增长的难点在于：在第三个发展阶段到来之前，由于农业生产率下降，农产品价格上升，工业生产不得不向从农业转移出来的劳动力付出更多的报酬，从而使其交易环境恶化，导致企业利润下降，企业在这些劳动力全部被转移之前因利润问题而停止扩张，农业剩余劳动力向工业的转移随之结束。因此，要克服城乡矛盾，摆脱二元结构，最根本的途径就是制定城乡统筹发展战略。首先，加快城镇化是中国摆脱"二元"格局的基本途径，从二元经济的角度来看，刘易斯拐点是指农村剩余劳动力由无穷无尽到有限度的过程，二元经济会演变为一元经济。其次，在中国目前的经济发展过程中，必须加强城乡合作，推进农村工业化、农村现代化。最后，中国要想打破二元结构，实现工业化和现代化，必须深化城乡体制改革，为实现城市、农村的和谐发展提供制度保障。

第二节　推 拉 理 论

一、主要内容

推拉理论的起源可以追溯到 19 世纪，最早对人口迁移进行研究的学者是英国的雷文斯坦。1880 年，他在《人口迁移之规律》中总结出七个方面的规律：以近为远，向工商业较多的城镇地区转移；移民先是向城外迁移，再向城内迁移；在这个国家里，人们的迁移情况大同小异，那就是从乡村到城市的高度集中；每次大规模的移民都会引起逆向移民，以改变这一现象；长途迁徙主要是流向大城市；城镇人口的流动性远低于乡村人口；女性的流失率比男性高。他提出，造成迁移的因素有很多，其中既有"推力"驱使人们从一处出发，又有"拉力"将人们吸引到另一处。"推拉理论"（push and pull theory）模型能够得到人们的普遍认可，是因为它把移民的过程分为两个极端，一个是迁出地（原住地），另一个是流入地（目的地），这是因为前者的推动力和后者的牵引力联合作用，使学者对移民过程的研究得到了极大的简化。

20 世纪 50 年代末，唐纳德·博格对人口迁移的"推拉理论"进行了详细系统的阐述。他的主要观点是，从运动的角度来看，人口迁移是由两种外力共同作用而成的：一是外力推动着人口迁移，也就是对人口迁移有利的积极因素；二是妨碍人口迁移的拉力，也就是对人口迁移产生不利影响的消极因素。在流入地，有一种"推力"，它对流入地的原住民产生了推波助澜的效果。造成这种情况的原因主要有：自然资源的消耗，农业生产成本的提高，农村劳动力过剩造成的失业和就业不足，以及农民收入水平的降低等。我们应该注意到，在迁出地，既有"推"的因素，也有"拉"

的因素，比如家庭团聚的喜悦，熟悉的邻里环境，以及在出生地和长大成人后建立起来的社会关系，等等。只是相较之下，"推"之力大于"拉"之力，"推力"占据了主动权。与此类似，在移民地区，也有一种"拉"的力量，它对移民地区的居民起到了决定性的作用。形成这种"拉力"的原因有：就业机会多，工资收入高，生活条件好，教育水平高，文化设施完善，交通运输条件优越，气候适宜等。同时，流入地也存在着"推"的因素，如可能导致的家庭分离、生产生活环境的异化、竞争的激烈、生态环境的恶化等。

根据推拉理论，农民从乡村到城市的迁移，既可以是由于城市的优势，也可以是由于乡村的劣势。就像 18 世纪英国人在圈地运动中被迫进入城市那样，东印度人向加尔各答迁移，很大程度上是因为加尔各答拥有大量的工作岗位，而不是因为这里的条件越来越差。相比之下，圣保罗、内罗毕等发展中国家大城市的快速发展，在一定程度上要归功于其"拉力"。随后，一些学者根据巴格内的学说，提出了"外流地"与"流入地"之间存在着"牵引力"与"推力"的观点，并对其进行了补充，即"中介壁垒"。影响人口迁移的中间障碍因素包括距离、物质条件、语言、文化等，以及移民自身的价值观。这些因素综合作用的结果就是人口流动。

二、简要评价

"推拉理论"是对我国农村人口，尤其是农村劳动力进入城镇的动力机制的最全面和最好的解释。"推拉理论"认为，在完全市场经济的背景下，农民工进城的过程实质上就是一种由市场机制自发的再分配的过程，而这一过程又是一种动态的、可持续的再分配。然而，农民工不仅是一种理性的经济人，同时也是一种物质的劳动力资源承载者。因而，农民工向城市的迁移，是指其以"理性的经济人"与"人力资本"的双重身份，在产业与地区间的自由流动。它既是农民工就业再择业的过程，又是农村劳动力向城市转移的过程。农民工在自由流动中的流向与规模，取决于其自身的价值取向与劳动力资本的趋利性。就个人而言，其价值抉择与流动就业的进程，都是一种并存于市场之中的"推"与"拉"的合力。

第三节　迁移动机理论

一、主要内容

赛尔和德·琼于 1978 年发表的《论迁移决策的动机理论》中，从四个方面论述了影响迁移决策的因素：可采用性、价值、预期、动机。这四个因素对移民选择的影响具有阶梯式的关系，从前面的因素中可以推导出后面的因素。迁移动机理论指出，在迁移过程中，可采用性是影响迁移效果的首要因素。可采用性包含了地理上的流动性和认知上的可采用性。地理上的流动性，如跨境移民，会不会因移民法的限制而受到影响；认知上的可采用性，是指对自己的家乡有着深厚的情感，难以做出离开家乡的决定。

第二个要考虑的因素是价值，这一因素在移民决定中对政策制定者有很大的影响。这是人们在长期的社会发展中逐渐形成的一种价值观念。比如，与重视亲情的东方人相比，西方人更重视经济发展与成就，这种渴望会促使他们做出移民决定，而重视亲情则会成为移民的障碍。

第三个因素是预期，也就是个体对于迁移能否实现其所预期的结果的评估。有意向进行迁移者往往看重目的地比原住地更高的收入，其做出决策不仅考虑到了可采用性，而且看重迁移所获得的收益。即使有意迁移者知道目的地的工资比原住地高，当他觉得自己没有能力获得这份工作时，迁移行为也不会发生。对于目标的预期既有可能实现，也有可能落空，但人们做出迁移决策的决心往往是高预期。发生回返迁移的原因也大多是迁移者认为目的地没有满足自己的预期，对此感到失望。

第四个要考虑的因素是动机，也可以称之为诱因，它是指在迁移目的地和原住地，与个体目标有关的正面或负面因素。多种诱因都会对迁移决策产生影响，例如，如果家长认为迁移地比原住地的教育条件更好，那么为了让自己的孩子得到更好的教育，他们就会进行迁移，而这种良好的教育条件就是他们做出决策的诱因之一。

上述影响迁移决策的四要素理论属于宏观迁移理论，除此之外，还有迁移动机的静态分析理论。迁移动机指的是迁移决策的主观意愿和主观因素，而迁移原因则指的是迁移过程中的客观条件，也就是对迁移决策产生影响的各种客观条件。在西方，关于迁移动力的理论，主要探讨了影响迁移决策的因素。从静态分析的角度来看，一共有六种因素，它们分别是：经济动机，居住满意动机，社会流动或者社会地位变动动机，生活方式偏好动机，不迁移决策的动机，以及受家庭和朋友影响的迁移动机。在这些因素中，最基本的动机是经济动力，舒尔茨与斯加斯塔德提出的"成本－收益"理论就是一个很好的代表。

劳动力迁移的"成本－收益"理论首先由舒尔茨提出，斯加斯塔德对其进行了修正，并建立了规范的数学模型，后经多位学者修正逐步完善。在《改造传统农业》一书中，舒尔茨充分地肯定了农民在优化资源配置方面的理性思维与计算能力，认为发展中国家农民收入之所以偏低，是因为技术的停滞和劳动力素质低下，强调了人力资本的重要性。舒尔茨在其著作《人力资本投资》中提出，劳动力由乡村到城镇的流动，是个人进行人力资本投资的五种方式之一，即"个人和家庭适应于变换就业机会的迁移"。舒尔茨认为，劳动力流动是一种可以产生收入的人力资本，并认为劳动力流动必须在收入大于投入的情况下才能产生。迁移成本是指在迁移中所面临的各种直接成本，以及在迁移中所面临的机会成本。直接成本包括搜集信息的成本、交通成本和其他各项支出；机会成本包括因为迁移而损失的各种工作收入，以及迁移到不同环境后的心理变化成本。迁移收益是指劳动力因为迁移决策而获得的比之前更高的工资、更好的工作环境等。

在舒尔茨理论的基础上，斯加斯塔德于 1962 年建立了成本收益的数学模型。该模型认为个体进行迁移决策的前提条件是迁移所获得的收益大于成本。因为该模型考虑到了未来的利率，收益与成本均具有现值可比性，他将收益分为货币和非货币两类，成本也分为货币成本和非货币成本。货币收益是指迁移后获得的更高的工资收入，非货币收益是指迁移后通过更好的生活、工作环境等而获得的心理满足感。货币成本主要是指劳动力流动的成本、乡村资产的成本和教育的成本，而非货币成本主要是指人们放弃乡村生活而去适应城市生活所带来的心理落差。

二、简要评价

迁移动机理论认为迁移决策是由迁移者对迁移收益和成本的预期结果决定的，而预期结果主要体现在期望收益改善、期望环境改善和期望从政府政策中获益三个方面。任何投资都是有风险的。有些时候，即便得到的利益超过付出的代价，迁移者也不一定会产生迁移的行为。只有当潜在的迁移者愿意承担风险时，才会做出迁移的实际行为。也就是说，预期收益大于预期成本是实现迁移的必要条件，但并非是充分条件。

在中国广大的农村，土地作为农民最根本的生产资源，被认为是其赖以生存的根本，也是其主要收入来源。但是，随着家庭联产承包责任制的推行，农户在追求更高收入的同时，也在不断地提高自己的生产效率，但是，家里的土地却是固定的，这就产生了大量的剩余劳动力。为了最大限度地提高农户的利益，农户在不同行业之间进行了利益再分配，由此导致了农户的劳动力流动。我国的社会保障体系尚不完善，土地因为其相对稳定的性质，可以作为对农民的一种保障。同时，随着城镇劳动力市场对劳动力的技术需求不断提高，农民在城镇就业过程中要承担相应的培训费用，在城镇就业过程中面临着更大的迁移风险。

尽管由剩余劳动力转化的流动人口不断增多，农民的收入渠道不断拓宽，土地作为农民生存基础的地位日益下降，但它依然是迁移者的退守地，也是其迁移失败的保障。从此以后，家庭中的分离就越来越多了。如果迁移带来的纯收入大大超过了土地所带来的收益，那么一个家庭就会完全迁移。由于土地的所有权和使用权分离，造成了权利的空置，加之土地流转制度的不完善，造成了农村土地不能自由流通，不能按市场需要进行配置，这就导致农民被捆绑在土地上，迫使农民家庭只能通过一部分人进行迁移来稳定收入。

第四节　新劳动力迁移经济理论

一、主要内容

以斯塔克（Stark）、布鲁姆（Bloom）和泰勒（Taylor）为代表的经济学家在家庭福利最大化的假定条件下，以迁移劳动力的家庭为主体分析其迁移决策，他们的理论被称为新经济迁移理论，强调家庭在迁移决策中的重要性，认为迁移决策不是由某个家庭成员单独选择的，而是由所有相互关联的家庭成员从家庭效用最大化的角度出发而做出的。虽然劳动力转移的执行者一般都是一个个体，但其本身所包含的意义远大于个体的利益，一个个体所实施的转移其实是一群人决策的结果，也可以说是对一群人决策的执行，而家庭就是这群人的存在形态。家庭成员共同努力，以最大的期望收益和最小的期望风险为主要目的。新经济迁移理论主要分为三支：

第一个分支以不确定因素与风险因素对农户迁移行为的影响为切入点，提出了农户迁移行为受气候、自然灾害等因素的影响，导致农业生产收入非常不稳定，违背了农户追求平稳消费厌恶风险的偏好。在这样的情形下，为了降低家庭收入的不稳定性，家庭会对劳动力进行再分配，做出一名或多名成员前往别处工作获取收入的迁移决策，从而保证家庭的稳定收入，降低农业收入不稳定对家庭的影响。第二个分支以发展中国家为研究对象，考虑到发展中国家的金融市场不健全，使得农户面临着投资和农产品产量的不稳定，因此，外出务工是农户获取资金的一个重要途径。新劳动力迁移经济理论的第三个分支指出，同一收入期望下，不同收入水平家庭的迁移行为会产生不同的影响，较高的相对贫困感会使其迁移行为更易发生变化。

　　新劳动力迁移经济理论用来分析和解释劳动力迁移与家庭决策之间关系的理论是：资产组合理论和契约安排理论。根据资产组合理论，为了保证家庭收入的稳定，家庭对其劳动资源进行再分配。契约安排理论指的是，迁移者和他的家庭签订双方自愿的协议，同时受到这个契约的限制。在这个契约安排中，汇款行为具有非常重要的作用和意义。汇款是迁移者与其家人之间长期存在的一种契约安排，绝非利他主义的产物。新经济迁移理论对"汇款"这一契约安排的解释是，家属先对个体进行了投资，但这一投资是以迁移者定期"汇款"为前提的。与此同时，迁移者与其家人的关系建立在他能从家里得到好处的基础上。在这样一种"风险共担，利益共享"的合同安排中，迁移者和其他家属在获取个人利益的同时，也能最大限度地提高家庭的整体利益。

　　泰勒的研究表明，当农户的收入来源只有农业生产时，其高系统风险特征将进一步加剧其收入不确定性，进而导致收入风险的积累，而在风险规避的前提下，农户很有可能会寻找其他的收入补偿途径，从而重新进行劳动分配。在非农领域，农民的工资收入具有明显的优势，而且具有较高的收入水平，并具有较强的短期稳定性（无失业）。正是在这种情况下，农民通过外出务工来获取稳定的经济收入，成为一种合理的选择。此外，在农业生产过程中，因为机械的大量使用，会产生一定的剩余劳动力，这些剩余劳动力的流动，一方面能够改善家庭劳动力的配置效率，另一方面也能够实现增加收入的目标，即使外出打工的收入不高，或者很难获得收入，也不会改变流动作为正收益行为的特征。在泰勒的研究基础上，已有部分学者从相对收入水平、劳动力冗余特征和迁移机会成本三个角度，提炼出居民迁移行为的形成机理。

二、简要评价

从我国农村劳动力乡城迁移的某些特征来看，我国农村劳动力乡城迁移的决策主体是具有一定关联性的个体。主要表现在以下几个方面：第一，在我国，尤其是在乡村地区，家庭观念非常浓厚；第二，在我国农村，家庭承包经营制度使农户对农村经济的主导地位得到了强化；第三，进城的农民和自己的家庭联系十分密切；第四，近年来，一批农民工在城市工作一段时期后，有了一定的积蓄，也具备了一定的技能和知识，他们都有了回乡创业的意愿。这种特点不仅显示出农村居民个人与农村家庭的密切联系，而且也印证了以农户为主体的合理性。

新经济迁移理论能够很好地适用于对中国农民工群体的研究。在中国的传统社会，人们的家族意识很强，父母掌握着绝对的决定权，个人和家族之间存在着一种互相依赖的关系，这是中国传统文化的特征。首先，中国农户个体拥有较少的耕地，能够在家族内进行充分的管理，而且相对于汇款合同而言，这种基于血缘关系的家族结构更稳定、更安全。在我国各类保险、信用制度尚未健全的地区，以家庭或者农户为单位进行各种活动的风险防范作用尤为突出。在我国，由于家庭的不可分性，导致了以家庭为单位的移民现象。尽管当前农村青年的家庭观念发生了一些变化，对传统的家庭观念产生了一定的影响，但并未超越传统家庭观念的范畴，传统的家庭观念依然起着不可忽视的作用。其次，人与人之间存在着一种较为独特的代际传承关系，而这种代际传承关系又因亲属合同而得到了强化。父母抚养孩子，供孩子上学，给孩子盖房子娶媳妇，一直到他们无力支持孩子为止。而子女通常受其父母的支配与影响，在传统文化与伦理观念的制约下，对父母进行赡养。

农民工外出务工，其目的不仅在于获得最大的期望收益，还在于降低农户的风险。对农村劳动力流动产生影响的因素不仅包括城乡间的工资收入差距，还包括其他可能导致农村劳动力流动的因素，具体如下：农业生产易受恶劣天气的影响，农产品歉收，农户的农业收入大幅度减少，农户还可以从迁移者处得到工资性收入（一般是汇款）来弥补农业歉收造成的损失。从本质上讲，劳动力的移动与水流的移动不同，它是从低到高的。如果有一个健全而合理的市场系统和财政系统，就不会出现大规模迁移。新劳动力迁移理论认为，在发达国家，农户的风险一般都是通过保险公司或政府的计划来保证，而在发展中国家，由于缺乏完善和成熟的保险制度体系，农户只能通过在不同的市场上进行劳动来分散风险。与此同时，由于发达国家的资本信用市场比较成熟，因此，在发达国家，家庭可以以更低的成本，更高的概率，获取创业资本。在实际的市场中，存在着许多信息不对称、外部性等问题，例如，生活在偏僻、落后地区的农户，他们不能及时地了解到发达地区某个行业的发展情况，从而产生了迁移意愿。

第五节　本　章　小　结

第一，二元经济结构理论强调农业部门和非农业部门的平衡发展。在二元经济体系中，工业与农业并不是完全分开的，它们之间存在着十分紧密的关系，农业的落后一定会对工业的发展产生影响。与此同时，从社会公平的角度来看，工农业之间过大的差距也很有可能导致许多社会问题的产生。这样看来，消除二元结构，发展农业经济，已经成为我国国民经济进一步协调发展，建设社会主义新农村，构建社会主义和谐社会的迫切需要。为使农民积极发挥其创造性，营造一个良好的社会环境，促进社会主义新农村的建设，实现农业的现代化和国民经济的现代化，最后形成一个完整的城乡一元经济体系，让所有人都能分享改革的成果，分享全球化的果实。

第二，"推拉理论"是研究人口流动和迁移的重要理论之一。作为"理性人"，农民工在城市中没有得到相应的社会保障，面临着巨大的被边缘化的生存压力，从而形成了一种向外发展的"推力"；同时，随着农村生产率的不断提高，以及农民生活水平的日益进步，社会保障体系也在逐步完善；另外，在家乡附近的城镇中，工作岗位和收入条件的提高，也成为一股"拉力"。部分农民工在考虑到长远的利益之后，做出了回乡的决策，从而引发了"民工荒"问题。从个体层面来看，农民工的迁移既是一种理性选择，也是一种明智行为。很多农民更倾向于选择收入较低但工作环境较好的地区或企业，而不是选择有更多工作机会但有更高的生存和就业风险的地区或企业。随着时代变化的"推力"与"拉力"，是我们研究的重点。

第三，农民工做出迁移决策的动机各有不同。最根本的迁移动机是经济动机，做出迁移决策的主要目的在于获取更高的经济收入，这也是实现其他目标的基础。在根据迁移决策的四个因素做出判断的过程中，考虑迁移的可采用性、价值、预期和诱因，通过对成本以及收益的判断，最终决定是否迁移。当前，许多农村家庭的生活重心仍停留在乡村，流动的劳动力在自己年老、生病、失业等情况下会回到乡村，因此，他们中的大多数人都只是在城镇暂时居住，并没有选择家庭化迁移，这也是需要考虑的因素。

第四，新经济迁移理论并没有对迁移的成本与效益做出清晰的定义，而是采取了一种开放的方式，它的最大贡献就是：迁移的决策者并不局限于个体，他们的目的不仅包括收入最大化，还包括降低风险、降低流动性约束和降低相对贫困感等。正因为这些目的与影响因素十分复杂，新经济迁移理论在过去30年的发展过程中，并没有形成一个完整的、系统的理论模型，而且它的模型也会随着研究内容与研究对象的不同而发生很大的变化。新经济迁移理论是对发展中国家流动现象的一种理论概括，对研究我国人口流动与城镇化问题具有十分重要的借鉴作用。

第五章 城镇居住证获取的影响因素分析

　　农民工城镇居住证的获取对于推动流动人口市民化，促进城乡深度融合和新型城镇化都有着重要作用。本章利用安徽省农民工家庭调查数据，采用二元 Probit 模型，从个体特征、家庭特征、就业特征和社会特征四个维度，考察影响农民工获取城镇居住证的因素。研究发现，农民工积累人力资本有助于其获取城镇居住证；农民工在城镇的资源投入能够促使其获取城镇居住证；保有农村土地会阻碍农民工获取城镇居住证；家庭化迁移有利于农民工获取城镇居住证。基于此本章提出以下建议：继续提升农村地区的学历教育水平，鼓励农民参加继续教育；完善农民工职业技能培训制度，鼓励农民工提升劳动技能；进一步完善公共医疗服务体系，加强医疗保障体系的统筹协调。

第一节 引 言

　　促进农业转移人口市民化是新型城镇化的首要任务。而城乡二元结构导致的户籍隔阂，使得搬迁到城镇的农业人口难以真正融入城镇生活，进而无法享受到平等的基本公共服务。居住证制度是进一步保障城镇未落户农民工享受基本公共服务的重要途径之一。自2014年我国全面推行居住证制度以来，虽然在各省（区、市）实现了管理制度的全覆盖，但由于申领条件的限制和流动人口的主动放弃，导致各地区居住证制度的实施与政策目标产生偏离，农民工城镇居住证的获取率不高。研究农民工城镇居住证获取的影响因素，对于进一步改革居住证制度，完善户籍管理制度，促进农业转移人口市民化，保障农民工在流入地享有的基本公共服务，实现新型城镇化和高质量城乡融合均具有重要意义。

作为我国户籍制度的重大改革举措，居住证制度实现了对流动人口管理的重大突破，为我国流动人口管理做出了重大贡献。自居住证制度全面实施以来，国内学者详尽地探讨了居住证制度的起源与发展、存在的问题与对策、改革的路径与延伸（杨菊花，2017；邹湘江，2021；谢宝富和田星雨，2023）。居住证制度对于保障流动人口获取城镇公共福利，改革城市治安管理，增强市民安全感与幸福感，维护城乡公平以及促进城乡融合等的显著作用都得到了学术界的广泛认可（Georgiadou & Erim，2020；原新利，2019；林龙飞和陈传波，2022；邹一南，2023）。但居住证获取条件设置苛刻以及与居住证相关的一些公共福利有名无实等问题也同样被学者们所诟病（徐经勇，2020；邹湘江和吴丹，

2020）。就居住证制度实施过程中出现的问题，一些学者深入分析了导致政策目标与实施结果相偏离的机制（张祥晶，2021；程郁等，2023），并基于上海、深圳等经济发达城市的政策现状以及各城市的实际运行状况提出一系列改进举措（刘刚和许维胜，2019；样俊峰，2020；冯霞和高娴，2022）。

在定量研究方面，一些学者从公共政策创新扩散视角，通过宏观分析居住证制度在不同地区间的实施差异，提出了一系列改善居住证制度政策扩散的建议（吴宾和徐萌，2018；陈潭和李义科，2020；Trischler et al.，2022）。更多学者通过对国内部分地区流动人口数据的研究分析，发现居住证制度与流动人口城市落户以及流动人口城市融入的相关问题，并提出一系列通过改善居住证制度促进流动人口落户和流动人口城市融入的建议（聂伟和贾志科，2021；安超帆，2022）。就城市融入的具体微观层面，一些学者分别从居住证制度对流动人口城市认同感、农民工就业质量、流动人口心理融入和流动人口生育意愿等方面，探讨了居住证的作用效果和机制（梁土坤，2020；卢雪澜等，2021；林龙飞和祝仲坤，2022；梁土坤，2022）。随着居住证制度改革的深入和城乡融合发展的推进，部分学者探讨了居住证制度对家庭化迁移和农村转移人口消费的影响（王洛忠和崔露心，2022；梅建明和刘丰睿，2023）。

梳理居住证相关文献可知，关于农民工城镇居住证获取的相关研究成果主要集中在居住证的发展脉络、现有问题以及改进建议等方面，定量研究主要关注居住证制度在各地区间的实施差异以及居住证制度对流动人口城市融入的宏观、微观层面的影响，仍存在以下亟待研究的问题。一是现有研究的关注点集中在居住证制度对城市融入等相关要素的影响，并据此提出改善居住证制度的重要性，但忽略了影响流动人口获取居住证的因素分析。二是现有研究关于改善居住证制度的建议主要集中在理论分析，缺乏定量研究，容易造成理论与实际间的偏差。三是近几年鲜见的几篇探讨影响流动人口居住证办理的文献所用数据均采样于流入地，忽视了流出地人口特征对于流动人口居住证办理的影响。基于此，本章以前人研究为根基，以"推拉理论"为理论基础，综合研究多重因素对农民工城镇居住证获取的影响。本研究的可能贡献在于，以安徽省农村地区流出农民工为研究对象，关注农民工获得城镇居住证的实际行为结果，采用定量研究法分析影响农民工获得居住证的因素，以期为推动城乡融合发展提供决策依据，助力农业转移人口市民化。

第二节　数据来源及描述性统计

本章数据来源于课题组 2019 年 8～10 月针对安徽省农民工城镇居住证获取情况的问卷调查。该项调查共发放问卷 6194 份，涵盖了受访者的基本信息、家庭情况、工作状态和社会参与状况等多个方面。调研地点包括安徽省亳州市、六安市、安庆市、宿州市、滁州市、阜阳市以及马鞍山市共7个城市和17个县（县级市）。根据研究目的，保留年龄区间在19~60岁的观测值，剔除缺失居住证这一关键信息的观测值和关键数据异常的观测值，最终得到6127个有效观测值。

本章研究的核心对象是农民工办理居住证，被解释变量为居住证，在调查问卷中以"您的家庭是否领取了城镇居住证"向受访者提问。回答"是"赋值为1，回答"否"则赋值为0。本章将影响农民工获得城镇居住证的解释变量划分为个体特征、家庭特征、就业特征和社会特征四个维度。个体特征包括性别、年龄、婚姻状况、受教育年限、参加医疗保险、进行健康体检以及参加养老保险等。家庭特征包括家庭规模、子女数量、是否与家人同住、住房类型以及是否还在农村保有土地进行耕种等。就业特征包括工资水平、是否接受过职业培训、打工经历、工作变动以及工作强度等。社会特征包括当地亲友、参加休闲活动、获得政府协助以及是否参加管理活动等。上述变量定义和描述性统计如表5-1所示。

表5-1　　　　　　变量定义和描述性统计

	变量名称	定义	均值	标准差	最小值	最大值
因变量	居住证	获取过居住证为1，否为0	0.1856	0.3888	0	1

续表

变量名称			定义	均值	标准差	最小值	最大值
自变量	个体特征	性别	男性为1，女性为0	0.4341	0.4957	0	1
		年龄	受访者年龄（岁）	34.6166	8.5601	16	59
		婚姻状况	已婚为1，未婚为0	0.7622	0.4258	0	1
		受教育年限	受教育年限（年）	10.4856	2.6192	6	15
		医疗保险	参加城镇医保为1，否为0	0.4164	0.4930	0	1
		健康体检	1年内参加过体检为1，否为0	0.5383	0.4986	0	1
		养老保险	参加城镇养老保险为1，否为0	0.3326	0.4712	0	1
		居留意愿	计划居住在打工地为1，否为0	0.3764	0.4845	0	1
		城市身份认同	认为自己是城市居民为1，否为0	0.1342	0.3409	0	1
	家庭特征	家庭规模	被访者家庭成员数量（人）	4.2347	1.5405	1	15
		子女数量	受访者子女数量（人）	1.8937	1.6019	0	9
		家人同住	与家人同住为1，否为0	0.6657	0.4718	0	1
		住房类型	有自购房为1，否为0	0.2502	0.4332	0	1
		土地耕种	家庭无耕地为1，否为0	0.1681	0.3740	0	1

续表

	变量名称	定义	均值	标准差	最小值	最大值
自变量	就业特征 工资水平	被访者月均工资低于 2500 元为 1，2500～3500 元为 2，3500～4500 元为 3，4500 元以上为 4	2.6290	1.0259	1	4
	职业培训	接受过职业培训为 1，否为 0	0.8560	0.3511	0	1
	打工经历	有外出打工经历为 1，否为 0	0.8494	0.3577	0	1
	工作变动	换过工作为 1，否为 0	0.5740	0.4945	0	1
	工作强度	从不加班为 1，偶尔加班为 2，经常加班为 3	2.3039	0.6244	1	3
	社会特征 当地亲友	有当地亲友为 1，否为 0	0.6989	0.4588	0	1
	休闲活动	与朋友一起休闲为 1，否为 0	0.2979	0.4574	0	1
	政府协助	遇事求助政府为 1，否为 0	0.1537	0.3607	0	1
	管理活动	参加过社会管理活动为 1，否为 0	0.3798	0.4854	0	1

由表 5-1 可知，仅有 18.56% 的农民工办理了居住证，80% 以上的农民工并未领取居住证。这表明居住证制度的

实施效果欠佳，需加大力度，进一步推进农民工群体居住证的获取。在个体特征中，43.41%的农民工为男性，女性农民工数量超过男性，表明女性外出打工已经常态化。受访者平均年龄为34.62岁，其中已婚的农民工占大多数，占比为76.22%。平均受教育年限为10.49年，表明农民工文化水平处于较低层次。41.64%的农民工参加了城镇居民医保或城镇职工医保，33.26%的农民工参加了城镇养老保险，表明一部分农民工享受了基本社会保障，但大量的未覆盖人群显示社会保障发展仍存在不足。53.83%的农民工在1年内进行过健康体检，表明农民工体检有一定的可及性，但仍有很大提升空间。37.64%的农民工有未来在城镇定居的意愿，仅有13.42%的农民工认可自己的城市居民身份，表明绝大多数在外打工的农民工计划回到农村，且近90%的农民工在城市未能形成自我认同，成为城乡融合高质量发展的阻碍。

在家庭特征中，平均家庭成员数量为4.23人，子女数量为1.89人，其中有66.57%的农民工与家人共同居住在流入地，表明农民工迁移已表现出一定的家庭化迁移特征。25.02%的农民工在城镇拥有自购住房，绝大部分农民工在城镇租房居住。16.81%的农民工放弃了农村耕地权利，但80%以上的农民工在农村仍有土地需要耕种。

在就业特征中，85.60%的农民工接受过职业培训，表明当前针对农民工的基础职业教育政策落实较好，但仍有进步空间。84.94%的农民工具有外出打工经历，57.40%的农民工曾更换过工作，表明农民工群体普遍存在工作稳定性较弱的问题。工作强度的均值为 2.30，介于偶尔加班与经常加班之间，表明农民工的工作强度较大。

在社会特征中，69.89% 的农民工在流入地有亲友。有29.79% 的农民工在休闲时会与朋友一起，大多数农民工休闲时是独自一人，表明农民工在城镇社交水平较低。仅有15.37% 的农民工在遇事时寻求政府协助，37.98% 的农民工参加过社会或单位的管理活动，表明仅有少部分农民工与政府治理之间存在良性互动，大多数农民工缺乏参与社会管理的意识。

第三节　理论基础与计量模型

一、理论基础

农民工城镇居住证的获取，本质上可以认为是人口迁移中多重因素的相互作用，本部分以社会学中用来研究人口迁移的经典理论"推拉理论"（push and pull theory）作为理论基础。拉文斯坦（Ravenstein, 1885）通过分析英格兰和威尔士的人口普查数据后发现并提出的人口迁移法则为推拉理论奠定了基础。随后赫伯勒（Heberle）将影响农村人口移居城市的诸多因素分为"推力"和"拉力"，巴格内

（Bogue，1969）则进一步按力作用的方向将这些因素区分为在流入地和迁出地都存在的"推力"和"拉力"。然而，在实践中，受到相同推力和拉力作用的人群却做出了不同的迁移决策，这促使李（Lee，1966）将流入地和迁出地的外部吸引因素、中间障碍因素以及个人因素综合考虑，构建了"二维四要素"模型对人口迁移进行分析。随着推拉理论的进一步发展，舒尔茨（1971）提出人力资本理论并用于分析人口迁移，随后一些经济因素和政治因素也被纳入分析框架。

根据推拉理论，农民工获取城镇居住证主要受到流入地和流出地的推力和拉力作用。在此基础上，本研究将教育和健康等人力资本因素纳入分析框架，并参考国内学者的研究，将社会融入状态作为影响农民工获得城镇居住证的一个重要因素。因此，本研究从个体特征、家庭特征、就业特征和社会特征四个方面分析农民工获取城镇居住证的影响因素，以探究其主要影响因素。基于此，本章提出以下假设。

假设5－1：教育和健康人力资本积累促使农民工获取城镇居住证；

假设5－2：农民工对于城镇资源的投入促使其获取城镇居住证；

假设5－3：放弃农村耕地权益能够促使农民工获取城镇居住证；

假设5－4：家庭化迁移能够有效提升农民工获取居住证的概率。

二、计量模型

本研究的被解释变量是农民工是否获取居住证，取离散数值且有"是""否"两个选择，若农民工已获取居住证，赋值为1，否则为0。由于Probit模型能够很好地描述二值因变量的非线性关系，本研究选择使用Probit模型来分析影响农民工获取城镇居住证的因素。模型的具体设定形式为：

$$Y_i^* = \alpha + \beta X_i + \varepsilon_i \qquad (5-1)$$

$$Y_i = \begin{cases} 1, & Y_i^* > 0 \text{ 时，农民工已获取居住证} \\ 0, & Y_i^* < 0 \text{ 时，农民工未获取居住证} \end{cases} \qquad (5-2)$$

式中，Y_i^*、α、β、ε分别为潜变量、常数项、待估计变量、干扰项。

为研究农民工获取城镇居住证的影响因素，Probit模型可表示为：

$$\begin{aligned} \text{prob}(Y_i = 1 \mid X = x) &= \text{prob}(Y_i^* > 0 \mid x) \\ &= \text{prob}\{[\mu > (\alpha + \beta X_i)] \mid x\} \\ &= 1 - \Phi[-(\alpha + \beta X_i)] \\ &= \Phi(\alpha + \beta X_i) \qquad (5-3) \end{aligned}$$

式（5-3）中，Φ为标准正态累计分布函数；Y_i^*为潜在变量；Y_i为实际观测到的二分类因变量，表示第i个农民工的城镇居住证获取情况，取值为1表示已获取居住证，取值为0表示尚未获取居住证；X为影响因素向量；x为实际观测到的影响因素，包括个体特征、家庭特征、就业特征以及社会特征四个方面的多个变量。农民工城镇居住证获取的影响因素 Probit 模型可建立为：

$$\text{prob}(Y_i = 1 \mid X_i) = \Phi(\alpha + \beta_n Effect_i + \varepsilon_n)$$
$$= \Phi(\alpha + \beta_1 Effect_1 + \beta_2 Effect_2$$
$$+ \beta_3 Effect_3 + \cdots + \beta_n Effect_n + \varepsilon_n)$$

$$(5 - 4)$$

式（5 - 4）中，$\text{prob}(Y_i = 1 \mid X_i)$ 是农民工获取居住证的概率；$Effect_i$ 表示第 i 个解释变量，包括个体特征、家庭特征、就业特征以及社会特征四个方面的多个变量；β_n 为解释变量的影响系数，表示各变量对农民工获取城镇居住证的影响程度；ε_n 为随机扰动项，表示未被解释的变量产生的影响或误差项；α 为常数项。

第四节　实证结果

一、Probit 模型回归结果

本研究采用 Probit 二元选择模型，通过变量的逐步增加，分别建立模型 5 - 1 至模型 5 - 3，解释力逐渐增强。考虑到 Probit 模型中的系数值不能准确反映变量的影响程度，所以，采用边际效应来评估各变量对获得居住证的影响。整体来看，所设置的大多数变量均有较强的显著性，表明本研究所设置的个体特征、家庭特征、就业特征和社会特征变量都对农民工城镇居住证的获取有重要影响。其中大部分变量对居住证获取产生正向影响，家庭规模、工资水平、打工经历等对居住证的获取产生负面影响，婚姻状况、子女数量、工作变动、工作强度、当地亲友等对居住证的获取未形成显著影响（见表 5 - 2）。

在个体特征中，性别、年龄、受教育年限、医疗保险和养老保险等因素对居住证获取的影响在 1% 的水平上显著，健康体检的影响在 5% 的水平上显著。教育年限的提高通常代表教育人力资本的增加，教育年限每提高 1 年，获取居住证的概率提升 0.92%，表明教育人力资本的增加有利于农民工获取城镇居住证。一方面，受教育程度越高通常意味着更擅长信息的获取，也更有动力和能力达到获取居住证的条件；另一方面，各城市对受教育程度更高的流动人口更加青睐，会放宽其居住证的获取条件，使受教育程度更高的农民工更为容易地获取城镇居住证。

医疗保险、养老保险和健康体检都代表健康人力资本的增加，缴纳城镇医疗保险的农民工获取居住证的概率比未缴纳的农民工高出 4.17%，缴纳城镇养老保险的农民工获取居住证的概率比未缴纳的农民工高出 5.08%，1 年内进行过健康体检的农民工获取居住证的概率比没有进行过健康体检的农民工高出 2.45%，表明健康人力资本的增加同样有利于农民工获取城镇居住证。

表 5 - 2　　农民工城镇居住证获取的 **Probit** 回归结果

变量名称		模型 5 - 1		模型 5 - 2		模型 5 - 3	
		边际效应	标准误	边际效应	标准误	边际效应	标准误
个体特征	性别	0.0229**	0.0392	0.0308***	0.0405	0.0267***	0.0408
	年龄	0.0026***	0.0027	0.0024***	0.0027	0.0024***	0.0027
	婚姻状况	-0.0214	0.0578	-0.0152	0.0585	-0.0130	0.0588
	受教育年限	0.0087***	0.0077	0.0092***	0.0079	0.0092***	0.0079
	医疗保险	0.0502***	0.0482	0.0466***	0.0486	0.0417***	0.0489
	健康体检	0.0334***	0.0391	0.0303***	0.0397	0.0245**	0.0402
	养老保险	0.0531***	0.0497	0.0511***	0.0502	0.0508***	0.0504
家庭特征	家庭规模	-0.0103***	0.0141	-0.0099***	0.0142	-0.0097***	0.0142
	子女数量	0.0009	0.0147	-0.0001	0.0148	-0.0009	0.0149
	家人同住	0.0304***	0.0430	0.0282***	0.0434	0.0288***	0.0437
	住房类型	0.0677***	0.0433	0.0639***	0.0438	0.0635***	0.0440
	土地耕种	0.0675***	0.0482	0.0655***	0.0485	0.0613***	0.0488

续表

变量名称		模型 5 - 1		模型 5 - 2		模型 5 - 3	
		边际效应	标准误	边际效应	标准误	边际效应	标准误
就业特征	工资水平 2500~3500 元			- 0.0542***	0.0583	- 0.0534***	0.0584
	3500~4500 元			- 0.0744***	0.0604	- 0.0733***	0.0606
	4500 元以上			- 0.0592***	0.0626	- 0.0596***	0.0627
	职业培训			0.1029***	0.0643	0.0977***	0.0647
	打工经历			- 0.0400***	0.0540	- 0.0394***	0.0542
	工作变动			0.0003	0.0403	- 0.0028	0.0411
	工作强度 偶尔加班			0.0040	0.0695	0.0056	0.0697
	经常加班			- 0.0148	0.0714	- 0.0121	0.0716
社会特征	当地亲友					0.0084	0.0452
	休闲活动					0.0320***	0.0420
	政府协助					0.0289**	0.0521
	管理活动					0.0320***	0.0402
观测值		6127		6127		6127	

注：*、**、***分别表示在 10%、5% 和 1% 的统计水平上显著。

一方面，农民工在流入地缴纳城镇医疗保险和城镇养老保险意味着对城镇的资源投入，在一定程度上反映出参保人群存在长期居住的意愿。为使前期投入资源带来回报，这类人群通常会通过获取居住证的方式享受更高质量的城镇公共服务。另一方面，一些城市在设置获取居住证的条件时，将缴纳城镇医疗保险和城镇养老保险纳入其中，这也促进了部分人群为获取城镇居住证参加社会保险。定期参加体检通常意味着更加重视自身健康状况，居住证的办理能够使其更加便捷地享受社区体检等健康服务，促使此类人群积极办理居住证。男性获取城镇居住证的概率比女性高出2.67%。年龄每增加1岁，获取居住证的概率增加0.24%。在传统观念中，男性通常担负着更多维护家庭稳定的责任，这导致男性更倾向于通过获取居住证的方式享受公共服务，从而稳定家庭。而年龄越大面临的风险也越多，农民工想要通过获取居住证享受更多社会保障的可能性也更强。

在家庭特征中，家庭规模、家人同住、住房类型和土地耕种等因素对居住证获取的影响在1%的水平上显著。其中家庭规模为负向显著，其余均为正向显著。在城镇有自购住房的农民工获取居住证的概率比没有自购住房的农民工高出6.35%。一方面，在城镇自购住房表明其将长期居住，也代表其在城镇的资本投入，此类人群有较强的融入城镇的倾向，其通过获取居住证享受各类公共服务的愿望也更强烈。另一方面，大多数城市为吸引资金流入，将拥有自购住房人群获取居住证的条件设置得较低，使这类人群能够较为容易地办理居住证。在农村没有土地需要耕种的农民工获取居住证的概率比仍有土地需要耕种的农民工高出6.13%。土地作为农村居民的核心资源，既是其主要收入来源，也是长期以来其重要的心理依托。农民工放弃土地耕种意味着其回到农村将难以谋生，失去退路，丧失农民身份，这类人群可能更希望通过获取居住证来得到城镇身份的认可。

家庭规模每增加1人，获取城镇居住证的概率下降0.97%。这主要是因为农民工的家人大多仍居住在农村，家庭成员越多，居留在农村的亲属也就越多，这其中的情感羁绊以及物质限制使得农民工难以实现家庭化迁移，心理上始终将农村作为最终归宿，降低了其获取城镇居住证的可能性。有家人同住的农民工获取居住证的概率比没有家人同住的农民工高出2.88%。与家人共同居住意味着承担更多的责任，为使共同居住的家人得到更多的城镇资源并给予家人心理上的安慰，农民工更倾向于获取城镇居住证。

在就业特征中，工资水平、职业培训和打工经历等因素对居住证获取的影响在1%的水平上显著。其中工资水平和打工经历呈负向显著，职业培训呈正向显著。工资水平为2500～3500元的农民工获取居住证的概率比工资水平在2500元以下的农民工低5.34%，工资水平为3500～4500元的农民工获取居住证的概率比工资水平在2500元以下的农民工低7.33%，工资水平在4500元以上的农民工比工资水平在2500元以下的农民工低5.96%，其影响程度呈先增大后减小趋势。工资水平较高的农民工，其工作可能并不稳定，且劳动强度一般较大，这类人群来到城镇通常只以挣钱为目的，并不打算长期居住，缺乏获取居住证的动力。参加过职业培训的农民工获取居住证的概率比未参加过的农民工高出9.77%，在所有影响因素中边际效应最大。参加过职业培训的农民工有一定职业特长，更容易在城镇获得相对稳定的工作，职业培训的付出使其主观上更希望通过居住证的获取得到城镇身份的认可，客观上稳定的工作也有助于其办理居住证。有过打工经历的农民工获取居住证的概率比第一次外出打工的农民工低3.94%。多次外出打工的人群在不同城镇间的流动更频繁，大多数时间不能稳定在一个固定的城镇，办理当地居住证的动力不足。

在社会特征中，休闲活动和管理活动因素对居住证获取的影响在1%的水平上显著，政府协助因素对居住证的影响在5%的水平上显著。休闲时与朋友一起的农民工获取居住证的概率比独自活动的农民工高出3.20%。偏好与朋友一起休闲的农民工，往往更希望得到社会的认同与尊重，办理居住证可以帮助其获得市民身份认同；并且这类人群擅长社交，在信息资源方面更有优势，比不擅长社交的农民工更容易了解到获取居住证的具体条件和途径。参加过社会管理活动的农民工获取居住证的概率比没有参加过的农民工同样高出3.20%。一方面，参加过社会管理活动表明其有一定的能力与政府部门进行互动，有更强的信息资源优势助力其办理居住证。另一方面，此类人群具备一定的法治素养，往往更注重行使自身的权利，促使其通过获取居住证来保障自身在城镇生活中的合法权益。遇事求助政府的农民工获取居住证的概率比不求助政府的农民工高出 2.89%。一方面，求助政府的人群更需要政府的身份认可，促使其办理居住证，破除其与政府之间的身份障碍。另一方面，此类人群得到流入地政府的帮助更多，在心理上形成对当地的认同，对办理居住证产生激励效应。

二、异质性分析

为探究各种因素在不同农民工群体中对获取居住证影响的差异，本部分分别按照是否属于新生代农民工、性别、是否家庭化迁移以及受教育年限等因素，采用 Probit 模型进行回归分析，并结合包括个体特征、家庭特征、职业特征和社会特征在内的多种因素进行建模。具体的回归结果见表 5 - 3 ~ 表 5 - 6。

表 5 - 3　　　　新生代农民工和老一代农民工城镇居住证
获取的影响因素异质性分析

变量名称		新生代农民工		老一代农民工	
		边际效应	标准误	边际效应	标准误
个体特征	性别	0.0280 **	0.0476	0.0131	0.0843
	年龄	0.0032 ***	0.0047	0.0077 ***	0.0087
	受婚姻状况	- 0.0173	0.0627	0.0600	0.3058
	受教育年限	0.0057 **	0.0091	0.0192 ***	0.0165

变量名称		新生代农民工		老一代农民工	
		边际效应	标准误	边际效应	标准误
个体特征	医疗保险	0.0410 ***	0.0562	0.0491 *	0.1029
	健康体检	0.0185	0.0474	0.0382 *	0.0791
	养老保险	0.0408 ***	0.0585	0.0689 ***	0.1033
家庭特征	家庭规模	− 0.0059	0.0162	− 0.0167 **	0.0317
	子女数量	− 0.0018	0.0178	0.0012	0.0279
	家人同住	0.0195	0.0519	0.0610 ***	0.0852
	住房类型	0.0619 ***	0.0536	0.0725 ***	0.0794
	土地耕种	0.0562 ***	0.0581	0.0751 ***	0.0930
就业特征	工资水平 2500 ~ 3500 元	− 0.0380 **	0.0714	− 0.0846 ***	0.1057
	3500 ~ 4500 元	− 0.0701 ***	0.0732	− 0.0673 **	0.1130
	4500 元以上	− 0.0533 ***	0.0759	− 0.0565 *	0.1167
	职业培训	0.0793 ***	0.0770	0.1434 ***	0.1254
	打工经历	− 0.0349 **	0.0651	− 0.0545 **	0.1014
	工作变动	− 0.0116	0.0484	0.0184	0.0799
	工作强度 偶尔加班	0.0123	0.0835	− 0.0117	0.1298
	经常加班	− 0.0070	0.0857	− 0.0283	0.1337
社会特征	当地亲友	0.0175	0.0528	− 0.0065	0.0899
	休闲活动	0.0306 ***	0.0485	0.0225	0.0872
	政府协助	0.0274 *	0.0632	0.0343	0.0940
	管理活动	0.0610 ***	0.0472	− 0.0492 **	0.0800
观测值		4487		1640	

注：*、**、*** 分别表示在 10%、5% 和 1% 的统计水平上显著。

表5－4　　　　　男性和女性农民工城镇居住证获取的
影响因素异质性分析

变量名称		男性		女性	
		边际效应	标准误	边际效应	标准误
个体特征	年龄	0.0035 ***	0.0039	0.0019 **	0.0040
	婚姻状况	− 0.0377 *	0.0832	0.0021	0.0851
	受教育年限	0.0107 ***	0.0117	0.0090 ***	0.0109
	医疗保险	0.0352 *	0.0726	0.0480 ***	0.0667
	健康体检	0.0057	0.0610	0.0377 ***	0.0541
	养老保险	0.0444 **	0.0749	0.0554 ***	0.0691
家庭特征	家庭规模	− 0.0138 **	0.0209	− 0.0063	0.0197
	子女数量	− 0.0011	0.0215	− 0.0007	0.0209
	家人同住	0.0652 ***	0.0656	0.0044	0.0592
	住房类型	0.0647 ***	0.0696	0.0633 ***	0.0575
	土地耕种	0.0844 ***	0.0707	0.0437 ***	0.0685
就业特征	工资水平 2500 ~ 3500 元	− 0.0865 ***	0.0996	− 0.0407 **	0.0732
	3500 ~ 4500 元	− 0.1494 ***	0.1004	− 0.0307	0.0770
	4500 元以上	− 0.1145 ***	0.0980	− 0.0283	0.0857
	职业培训	0.1087 ***	0.0971	0.0901 ***	0.0884
	打工经历	− 0.0458 **	0.0866	− 0.0330 **	0.0705
	工作变动	0.0038	0.0626	− 0.0069	0.0551
	工作强度 偶尔加班	− 0.0034	0.1073	0.0119	0.0927
	经常加班	− 0.0142	0.1100	− 0.0102	0.0952

续表

变量名称		男性		女性	
		边际效应	标准误	边际效应	标准误
社会特征	当地亲友	0.0007	0.0674	0.0152	0.0617
	休闲活动	0.0540 ***	0.0621	0.0141	0.0578
	政府协助	0.0269	0.0719	0.0314 *	0.0768
	管理活动	0.0340 **	0.0599	0.0301 **	0.0548
观测值		2660		3467	

注：*、**、*** 分别表示在10%、5%和1%的统计水平上显著。

表5-5　　家庭化迁移与独自迁移农民工城镇居住证
获取的影响因素异质性分析

变量名称		家庭化迁移		独自迁移	
		边际效应	标准误	边际效应	标准误
个体特征	性别	0.0368 ***	0.0490	0.0026	0.0756
	年龄	0.0038 ***	0.0035	0.0004	0.0047
	婚姻状况	-0.0300	0.0727	-0.0071	0.1041
	受教育年限	0.0158 ***	0.0095	-0.0041	0.0150
	医疗保险	0.0285 *	0.0587	0.0557 ***	0.0900
	健康体检	0.0188	0.0484	0.0383 **	0.0743
	养老保险	0.0559 ***	0.0603	0.0458 **	0.0943

续表

变量名称		家庭化迁移		独自迁移	
		边际效应	标准误	边际效应	标准误
家庭特征	家庭规模	− 0.0090 **	0.0175	− 0.0087	0.0254
	子女数量	− 0.0051	0.0180	0.0051	0.0273
	住房类型	0.0545 ***	0.0511	0.0822 ***	0.0884
	土地耕种	0.0728 ***	0.0581	0.0379 *	0.0924
就业特征	工资水平 2500~3500 元	− 0.0700 ***	0.0711	− 0.0098	0.1057
	3500~4500 元	− 0.0924 ***	0.0734	− 0.0266	0.1110
	4500 元以上	− 0.0717 ***	0.0758	− 0.0273	0.1146
	职业培训	0.1157 ***	0.0822	0.0604 ***	0.1078
	打工经历	− 0.0373 **	0.0671	− 0.0421 **	0.0938
	工作变动	0.0011	0.0492	− 0.0098	0.0768
	工作强度 偶尔加班	0.0076	0.0853	− 0.0009	0.1242
	经常加班	− 0.0075	0.0876	− 0.0241	0.1276
社会特征	当地亲友	0.0145	0.0561	0.0024	0.0788
	休闲活动	0.0227 *	0.0513	0.0484 ***	0.0749
	政府协助	0.0094	0.0651	0.0638 ***	0.0889
	管理活动	0.0128	0.0485	0.0643 ***	0.0738
观测值		4079		2048	

注： * 、 ** 、 *** 分别表示在10%、5%和1%的统计水平上显著。

表 5－6　不同受教育年限的农民工城镇居住证获取的影响因素异质性分析

变量名称		9 年		12 年		15 年	
		边际效应	标准误	边际效应	标准误	边际效应	标准误
个体特征	性别	0.0106	0.0645	0.0391**	0.0767	0.0160	0.0984
	年龄	0.0015	0.0042	0.0024*	0.0051	0.0082***	0.0076
	婚姻状况	-0.0286	0.1002	0.0120	0.1097	-0.0315	0.1264
	医疗保险	0.0373**	0.0756	0.0559**	0.0905	0.0245	0.1277
	健康体检	0.0362***	0.0618	-0.0202	0.0768	0.1084***	0.1012
	养老保险	0.0544***	0.0788	0.0326	0.0931	0.0594*	0.1269
家庭特征	家庭规模	-0.0021	0.0222	-0.0282***	0.0281	0.0010	0.0339
	子女数量	-0.0077	0.0228	0.0085	0.0291	-0.0095	0.0387
	家人同住	-0.0101	0.0651	0.0581***	0.0856	0.1453***	0.1164
	住房类型	0.0603***	0.0683	0.0850***	0.0827	-0.0012	0.1035
	土地耕种	0.0061	0.0817	0.0936***	0.0884	0.1627***	0.1149

续表

变量名称			9 年		12 年		15 年	
			边际效应	标准误	边际效应	标准误	边际效应	标准误
就业特征	工资水平	2500~3500 元	-0.0426*	0.0940	-0.0733**	0.1229	-0.0362	0.1600
		3500~4500 元	-0.0543**	0.1026	-0.1167***	0.1127	-0.0352	0.1670
		4500 元以上	-0.0404	0.1038	-0.1154***	0.1270	-0.0520	0.1566
	职业培训		0.1110***	0.0987	0.0665**	0.1262	0.1137**	0.1626
	打工经历		-0.0434**	0.0883	-0.0848***	0.0964	0.0157	0.1296
	工作变动		-0.0016	0.0620	-0.0142	0.0793	-0.0306	0.1039
	工作强度	偶尔加班	0.0181	0.1051	0.0041	0.1384	-0.0057	0.1709
		经常加班	-0.0223	0.1091	-0.0003	0.1412	0.0000	0.1751
社会特征	当地亲友		0.0160	0.0694	0.0159	0.0863	-0.0555*	0.1132
	休闲活动		0.0301**	0.0647	0.0305	0.0803	0.0693**	0.1036
	政府协助		0.0199	0.0806	0.0452*	0.0978	0.0821**	0.1330
	管理活动		0.0285**	0.0628	0.0671***	0.0755	0.0059	0.0959
观测值			2817		1741		954	

注：*、**、*** 分别表示在 10%、5% 和 1% 的统计水平上显著。

鉴于不同年龄的农民工之间存在代际社会特征差异，一般将 1980 年及以后出生的农民工归类为新生代农民工。本部分以 1980 年为划分界限将农民工分为新生代农民工和老一代农民工，进行异质性分析，结果如表 5-3 所示。性别、健康体检、家庭规模、家人同住、休闲活动和管理活动等因素对不同年代的农民工获取城镇居住证的影响呈现出显著性差异。在新生代农民工群体中，与女性相比，男性获得居住证的概率高出 2.80%，在老一代农民工群体中，性别因素影响并不显著。在老一代农民工群体中，参加过健康体检的农民工比未参加过健康体检的获取居住证的概率高出 3.82%，而健康体检对新生代农民工获取居住证并未产生显著影响。目前新生代农民工身体健壮，健康状况不是其获取居住证的考量因素。老一代农民工更加重视自身健康状况，为享受更广泛的健康服务，其更有可能办理居住证。在老一代农民工群体中，家庭规模每增加 1 人，其将获得居住证的概率会降低 1.67%。然而在新生代农民工群体中，这一影响并不显著。有家人同住的老一代农民工比独自居住的获取居住证的概率高出 6.10%，然而，是否有家人同住对新生代农民工获取居住证的影响并不显著。老一代农民工随着年龄的增长，比新生代农民工有着更强烈的责任感，促使其办理居住证。休闲时与朋友一起的新生代农民工比独自活动的办理居住证的概率高出 3.06%，而这一因素对老一代农民工未产生显著影响。新生代农民工更重视社交中的身份认可，办理居住证可以得到身份认同，帮助其融入社交圈。参加管理活动的新生代农民工获取居住证的概率比未参加的高出 6.10%，而老一代农民工中参加管理活动比未参加的低 4.92%。

由于男性与女性的行为选择在许多方面存在差异，本部分将农民工按性别进行对比分析，回归结果如表 5 - 4 所示。婚姻状况、健康体检、家庭规模、家人同住、休闲活动和政府协助等因素呈现出显著性差异。已婚男性比未婚男性获取居住证的概率低 3.77%，而婚姻状况对女性获取居住证无显著影响。参加过健康体检的女性比未参加的女性获取居住证的概率高出 3.77%，但健康体检并未对男性获取居住证产生显著影响。可能是因为女性更加重视自身健康，对于居住证带来的优质公共医疗服务有更强的需求。家庭规模每增加 1 人，男性获取居住证的概率降低 1.38%，但对女性不产生显著影响。家庭规模增加带来的经济压力使男性更专注于积累财富，降低了其对持有居住证所享受的社会服务的需求。有家人同住的男性比独自居住的男性获取居住证概率高出 6.52%，但家人同住对于女性获取居住证不产生显著影响。原因可能是传统观念要求男性为家人创造更加稳定的生活环境，这使得有家人同住的男性有更强的责任和倾向办理居住证。休闲时与朋友一起的男性比独自休闲的男性获取居住证的概率高出 5.40%，而休闲活动对女性不产生显著影响。

将农民工按迁移类型是否为家庭化迁移进行分类，对比分析回归结果如表 5 - 5 所示。在性别、年龄、受教育年限、家庭规模、政府协助和管理活动等因素上表现出显著异质性。家庭化迁移的男性比女性获取居住证的概率高出 3.68%，而性别对于独自迁移人群的影响并不显著。年龄每增加 1 岁，家庭化迁移群体获取居住证的概率提升 0.38%，但对独自迁移人群并不产生显著影响。教育年限每增加 1 年，家庭化迁移群体获取居住证的概率提升 1.58%，但对于独自迁移群体并不产生显著影响。独自迁移人群中，参加过健康体检的人群比未参加体检的获取居住证的概率高出 3.83%，而健康体检对家庭化迁移人群办理居住证影响并不显著。家庭规模每增加 1 人，家庭化迁移人群办理居住证的概率下降 0.90%，但对于独自迁移人群不造成显著影响。政府协助和管理活动都对独自迁移人群产生显著影响，而对家庭化迁移人群并未产生显著影响。有政府协助人群与参与管理活动人群分别比未参与上述活动人群获取居住证的概率高出 6.38% 和 6.43%。从共同的显著影响因素来看，教育年限、土地耕种和职业培训等因素对于家庭化迁移人群的影响更大，医疗保险、住房类型和休闲活动等因素对于独自迁移人群的影响更大。

由于不同受教育年限的个体之间存在认知水平以及信息获取能力等差异，本部分将农民工按受教育年限进行分类，回归结果如表 5-6 所示。年龄的增长能够显著提升受教育年限为 12 年和 15 年农民工获取居住证的概率，对于受教育年限较短的农民工不产生显著影响。对于受教育年限较长的农民工产生显著影响，而对于受教育年限较低的农民工未形成显著影响的因素还有家人同住、土地耕种和政府协助，这些因素对农民工影响的边际效应随受教育年限的增多而增大。这表明受教育年限更长的农民工获取居住证的概率更大。住房类型对于受教育年限为 15 年的农民工获取居住证无显著影响，但对于受教育年限低于 15 年的均产生显著正向影响。医疗保险和管理活动对受教育年限为 9 年和12 年的农民工办理居住证均产生显著正向影响，但是对受教育年限较高的群体影响并不显著。

三、稳健性检验

为检验 Probit 模型回归结果的稳健性，本部分在相同变量和数据条件下采用 Logistic 二元回归模型代替 Probit 模型，同样采用逐步增加变量的方式对模型 5 - 4 至模型 5 - 6 进行回归估计，回归结果如表 5 - 7 所示，Logistic 模型和 Probit 模型的回归结果高度一致，表明 Probit 模型结果具有稳健性。此外，农民工申请城镇居住证的主要动机在于长期居留城镇享受公共服务。具有长期居留城镇意愿的农民工也更倾向于申请居住证，以获得城镇居民身份认同和享受公共服务，改善生活便利性。因此，研究变量"是否获得居住证"与"是否有长期居留意愿"两个变量之间存在高度的相关性。为了进一步验证 Probit 模型的稳健性，在保持自变量不变的情况下，将因变量"居住证"替换为"居留意愿", 并采用逐步增加变量的方式, 依次使用 Probit 模型对模型 5 - 7 至模型 5 - 9 进行回归分析, 回归结果如表 5 - 8 所示, 回归结果的一致性进一步证明了原模型的稳健性。持有城镇居住证可以增强农民工的城市归属感和身份认同, 而认同城市居民身份的农民工也更倾向于申请城镇居住证。从理论上看, 两者之间存在正向的强相关性。为了进一步验证 Probit 模型的稳健性, 将因变量"居住证"替换为"城市身份认同", 并采用逐步增加变量的方式, 依次使用 Probit 模型对模型 5 - 10 至模型 5 - 12 进行回归分析, 回归结果如表 5 - 9 所示, 回归结果的一致性进一步证明了原模型的稳健性。

表 5 - 7　农民工城镇居住证获取的 Logit 回归结果

变量名称		模型 5 - 4		模型 5 - 5		模型 5 - 6	
		边际效应	标准误	边际效应	标准误	边际效应	标准误
个体特征	性别	0.0218 **	0.0695	0.0308 ***	0.0718	0.0266 ***	0.0724
	年龄	0.0028 ***	0.0048	0.0025 ***	0.0048	0.0025 ***	0.0049
	婚姻状况	− 0.0219	0.1034	− 0.0152	0.1045	− 0.0123	0.1049
	受教育年限	0.0092 ***	0.0137	0.0095 ***	0.0139	0.0096 ***	0.0140
	医疗保险	0.0503 ***	0.0860	0.0470 ***	0.0869	0.0428 ***	0.0870
	健康体检	0.0350 ***	0.0697	0.0323 ***	0.0706	0.0273 ***	0.0716
	养老保险	0.0514 ***	0.0874	0.0493 ***	0.0883	0.0490 ***	0.0884

续表

变量名称		模型 5 - 4		模型 5 - 5		模型 5 - 6	
		边际效应	标准误	边际效应	标准误	边际效应	标准误
家庭特征	家庭规模	-0.0103***	0.0254	-0.0100***	0.0254	-0.0098***	0.0254
	子女数量	0.0008	0.0264	-0.0004	0.0266	-0.0010	0.0267
	家人同住	0.0310***	0.0776	0.0289***	0.0781	0.0289***	0.0785
	住房类型	0.0652***	0.0750	0.0619***	0.0759	0.0611***	0.0764
	土地耕种	0.0665***	0.0825	0.0641***	0.0831	0.0602***	0.0836
就业特征	工资水平 2500~3500 元			-0.0559***	0.1015	-0.0550***	0.1018
	3500~4500 元			-0.0756***	0.1058	-0.0741***	0.1061
	4500 元以上			-0.0608***	0.1093	-0.0611***	0.1097
	职业培训			0.1061***	0.1225	0.1013***	0.1231
	打工经历			-0.0391***	0.0939	-0.0385***	0.0941
	工作变动			-0.0002	0.0715	-0.0032	0.0728
	工作强度 偶尔加班			0.0019	0.1223	0.0034	0.1226
	经常加班			-0.0158	0.1258	-0.0128	0.1262
社会特征	当地亲友					0.0068	0.0807
	休闲活动					0.0329***	0.0740
	政府协助					0.0298**	0.0903
	管理活动					0.0308***	0.0708
观测值		6127		6127		6127	

注：*、**、***分别表示在 10%、5% 和 1% 的统计水平上显著。

表 5 − 8　　　　农民工城镇居留意愿的 **Probit** 回归结果

变量名称		模型 5 − 7		模型 5 − 8		模型 5 − 9	
		边际效应	标准误	边际效应	标准误	边际效应	标准误
个体特征	性别	− 0.0751 ***	0.0343	− 0.0704 ***	0.0351	− 0.0656 ***	0.0355
	年龄	− 0.0039 ***	0.0024	− 0.0039 ***	0.0024	− 0.0038 ***	0.0024
	婚姻状况	0.1062 ***	0.0511	0.1042 ***	0.0514	0.0932 ***	0.0518
	受教育年限	0.0094 ***	0.0068	0.0103 ***	0.0070	0.0100 ***	0.0070
	医疗保险	0.0433 ***	0.0423	0.0436 ***	0.0425	0.0453 ***	0.0428
	健康体检	0.0366 ***	0.0336	0.0344 ***	0.0339	0.0258 **	0.0344
	养老保险	0.0675 ***	0.0445	0.0653 ***	0.0446	0.0611 ***	0.0449
家庭特征	家庭规模	− 0.0096 **	0.0122	− 0.0094 **	0.0122	− 0.0081 *	0.0122
	子女数量	0.0096 **	0.0127	0.0093 **	0.0128	0.0066	0.0129
	家人同住	0.0248 *	0.0368	0.0236 *	0.0369	0.0164	0.0372
	住房类型	0.0770 ***	0.0390	0.0775 ***	0.0392	0.0706 ***	0.0394
	土地耕种	0.0481 ***	0.0441	0.0482 ***	0.0443	0.0457 ***	0.0446
就业特征	工资水平 2500 ~ 3500 元			0.0127	0.0516	0.0108	0.0518
	工资水平 3500 ~ 4500 元			− 0.0178	0.0533	− 0.0198	0.0535
	工资水平 4500 元以上			− 0.0330	0.0557	− 0.0322	0.0559
	职业培训			0.0163	0.0487	0.0078	0.0493
	打工经历			0.0187	0.0481	0.0128	0.0484
	工作变动			0.0151	0.0346	− 0.0033	0.0353
	工作强度 偶尔加班			0.0083	0.0601	0.0052	0.0604
	工作强度 经常加班			0.0019	0.0615	− 0.0029	0.0618

续表

变量名称		模型 5 - 7		模型 5 - 8		模型 5 - 9	
		边际效应	标准误	边际效应	标准误	边际效应	标准误
社会特征	当地亲友					0.1206 ***	0.0390
	休闲活动					- 0.0065	0.0367
	政府协助					- 0.0370 **	0.0472
	管理活动					- 0.0097	0.0355
观测值		6127		6127		6127	

注：*、**、*** 分别表示在 10%、5% 和 1% 的统计水平上显著。

表 5 – 9　　　农民工城市身份认同的 Probit 回归结果

变量名称		模型 5 - 10		模型 5 - 11		模型 5 - 12	
		边际效应	标准误	边际效应	标准误	边际效应	标准误
个体特征	性别	- 0.0023	0.0446	0.0016	0.0457	0.0016	0.0460
	年龄	0.0032 ***	0.0031	0.0031 ***	0.0031	0.0031 ***	0.0031
	婚姻状况	- 0.0119	0.0664	- 0.0083	0.0668	- 0.0071	0.0671
	受教育年限	0.0150 ***	0.0086	0.0152 ***	0.0088	0.0149 ***	0.0088
	医疗保险	0.0452 ***	0.0549	0.0442 ***	0.0552	0.0423 ***	0.0554
	健康体检	0.0388 ***	0.0447	0.0403 ***	0.0451	0.0390 ***	0.0457
	养老保险	0.0805 ***	0.0550	0.0802 ***	0.0554	0.0805 ***	0.0556
家庭特征	家庭规模	- 0.0120 ***	0.0164	- 0.0119 ***	0.0164	- 0.0119 ***	0.0165
	子女数量	0.0002	0.0168	0.0002	0.0169	0.0000	0.0169
	家人同住	0.0417 ***	0.0504	0.0414 ***	0.0505	0.0413 ***	0.0507

续表

变量名称		模型 5–10		模型 5–11		模型 5–12	
		边际效应	标准误	边际效应	标准误	边际效应	标准误
家庭特征	住房类型	0.0774 ***	0.0468	0.0756 ***	0.0471	0.0761 ***	0.0473
	土地耕种	0.0233 **	0.0547	0.0233 **	0.0549	0.0216 **	0.0552
就业特征	工资水平 2500~3500 元			– 0.0070	0.0673	– 0.0078	0.0674
	3500~4500 元			– 0.0173	0.0691	– 0.0183	0.0692
	4500 元以上			– 0.0132	0.0719	– 0.0147	0.0721
	职业培训			0.0122	0.0666	0.0103	0.0669
	打工经历			– 0.0203 *	0.0598	– 0.0196 *	0.0599
	工作变动			– 0.0131	0.0453	– 0.0118	0.0461
	工作强度 偶尔加班			– 0.0123	0.0772	– 0.0122	0.0773
	经常加班			– 0.0153	0.0791	– 0.0140	0.0793
社会特征	当地亲友					– 0.0063	0.0507
	休闲活动					0.0103	0.0479
	政府协助					– 0.0131	0.0614
	管理活动					0.0190 **	0.0451
观测值		6127		6127		6127	

注：* 、 ** 、 *** 分别表示在 10%、5% 和 1% 的统计水平上显著。

第五节 本 章 小 结

本章基于安徽省 6127 户农民工家庭的调查数据，运用

Probit 模型进行实证分析，考察对农民工获取城镇居住证产生影响的因素，并探讨了新生代和老一代农民工、不同性别农民工、家庭化迁移与独自迁移农民工以及不同受教育年限农民工之间在获取居住证方面的差异。前文提出的4个假设均得到验证。主要结论如下：

第一，农民工积累人力资本有利于其获取城镇居住证。受教育年限、职业培训、医疗保险、养老保险和健康体检等人力资本因素，均能对农民工获取城镇居住证产生显著的正面影响。接受过良好教育的农民工，更可能受到劳动力市场的欢迎从而获得较高的薪资报酬，且良好的教育也能提高农民工的社会融入能力，帮助他们适应城市生活，有利于其在城市立足。同时，在城镇参加医疗保险和养老保险，不仅能减轻农民工的医疗和退休负担，也使他们享受了更多的公共服务和社会福利，能够提高农民工的城镇认同感和归属感，激励他们更积极地申请居住证，以便长期居住和生活在城镇。而进行过健康体检的农民工群体相较于没有体检过的通常更加关注自身健康，而城镇相较于农村拥有更优质的医疗卫生服务设施，促使这部分关注自身健康的农民工群体为享受相关服务申请居住证。

第二，农民工在城镇的资源投入促使其获取城镇居住证。与租房或无房的农民工相比，拥有自购房产的农民工更有动力完成居住证的申请。因为拥有产权住房，意味着农民工在城镇的经济融入程度更高，融入意愿更强。能够购买住房的农民工通常拥有一定的经济实力，能够承担长久在城镇生活的开支，而且这部分农民工往往家庭稳定，有配偶和子女，为了子女享受教育、医疗等公共服务，他们更倾向于获得居住证从而为日常生活带来便利。此外，拥有房产能增强农民工的城镇认同感和安全感。一方面，房产可以视为农民工在城镇的"根"，增强其对城市的情感依恋；另一方面，有了自己的住所，农民工会感到生活更加稳定和有保障。这都使农民工更倾向于将城镇视为长期生活的家，而不仅仅是暂居地，因而也更积极地申请居住证。

第三，保有农村土地阻碍农民工获取城镇居住证。农村土地对许多农民工仍有重要的经济价值和情感价值。一方面，虽然外出打工可获得主要收入来源，但农村的土地可以种植粮食或经济作物，带来额外的经济收入；另一方面，土地可以作为最后的退路，如果在城市工作或生活出现困难，还可以回到农村从事种植业。丧失土地全面迁入城镇会让农民感觉退路被切断，承受巨大的心理压力。更重要的是，祖辈传下来的土地不仅具有经济价值，还含有宝贵的情感价值，土地承载了农民的"根"和回忆，是农民工精神认同的重要组成部分，脱离土地意味着截断了与故土和乡愁的连接，失去了精神支柱。所以大多数农民工都会留有农村宅基地和少量田地并与农村保有联系，这使他们心理上仍与农村紧密相关，削弱了全面融入城镇的意愿，进而降低其申领城镇居住证的概率。

第四，家庭化迁移有利农民工获取城镇居住证。家庭成员共同迁移到城镇，意味着农民工已经做出了长期在城市生活的选择。整个家庭离开农村，将以后生活的重心放在城镇，与农村的经济联系和情感羁绊会自动淡化，农民工自然会更积极地考虑在城镇扎根。由于全体家庭成员都在城镇生活，对城镇公共服务的需求十分强烈。例如子女教育和医疗保险等，这些都需要凭借居住证才能享受，所以家庭化迁移的农民工会更主动地申办居住证。而且整个家庭共同在城镇生活使得家庭成员对于市民身份的认同需求会更加强烈，申请居住证能使整个家庭被视为社区成员，使家人拥有更多的安全感。在情感需求方面，与家人生活可以让农民工有更强的安全感，不同于漂泊状态的独自迁移，家庭化迁移可以实现相互照应，促使他们更积极地考虑长久定居，而非漂泊生活。家庭化迁移的诸多优点都促使农民工获取居住证。

第六章　农民工家庭进城落户的影响因素分析

农民工家庭化迁移有利于家庭和谐、社会稳定，对城镇化高质量发展发挥着积极作用。本章基于安徽省农民工家庭的调查数据，采用二元 Probit 模型考察农民工家庭进城落户的影响因素。研究发现：较高的受教育程度、良好的健康状况以及接受职业培训能显著促进农民工家庭进城落户；家庭成员越多的农民工举家落户城市的概率越低；居住条件的改善、居留时间的延长以及参加城镇职工医保能显著提高农民工举家落户城市的可能性；城市住房可负担性的提高、医疗资源的丰富对农民工家庭进城落户有显著正向影响。为创造有利于农民工家庭进城落户的条件，建议面向农民工开展大规模的职业培训、保障农民工随迁亲属的合法权益、加快土地流转制度建设、完善社会保险制度以及强化小城市在城镇化进程中的功能和地位。

第一节 引 言

人口流动是经济发展中的正常现象，经济发展必然伴随着农村劳动力比重的下降和城市化水平的提高。改革开放以来，体制变革和就业机会的增加为城乡劳动力转移创造了客观条件，区域间收入差距的扩大成为人口流动的主要动力。在我国农村劳动力转移的历程中，由于特殊的户籍管理体制和农村土地制度，早期农民工家庭多采取部分成员外出、部分成员留守的策略。农民工虽然实现了职业转换，但家庭处于离散状态，城市的歧视性制度安排和社会排斥更使该群体面临着心理和物质上的双重困境，难以真正融入城市。农民工"候鸟式"流动与家庭离散的常态化，阻碍了其生活质量的提高和家庭功能的发挥，造成了一系列社会问题，同时使得我国城镇化进程长期滞后。此外，由于城市生活成本高、不愿放弃农村权益以及城市落户门槛与落户意愿不匹配等原因，农民工落户意愿普遍不强，一定程度上导致我国城镇化质量提升困难。当前，在我国倡导农业转移人口举家迁入城市的背景下，研究农民工家庭进城落户的影响因素，对解决农民工半城镇化问题、深入推进以人为核心的新型城镇化具有重要的现实意义。

在我国特殊的户籍制度下，官方定义的"人口迁移"是指常住住所和常住户口的双重改变，不同于只改变居住地的"人口流动"（乔晓春，2019）。学界围绕"农民工迁移"这一命题开展了广泛研究并已取得丰硕的研究成果，研究内容主要集中于迁移意愿（周闯，2022；杨巧等，2023）、迁移偏好（周皓和刘文博，2022）、迁移模式（苗海民等，2021）等方面。传统研究多依照经济理性逻辑对农民工迁移进行考察，认为农民工迁移意愿和迁移模式是综合考虑了家庭经济状况、迁移成本以及迁移收益后作出的利益最大化决策，一定程度上忽视了农民工迁移中的社会理性（李强，2012；周皓和刘文博，2022）。随着城市落户门槛的降低和农业转移人口进城务工历程的推进，农民工举家迁移的趋势日益明显（苗海民和朱俊峰，2021），学术界对农民工迁移的研究逐渐由个体迁移向家庭迁移拓展，关注点也逐步由经济因素向非经济因素拓展。目前，在农民工家庭化迁移的影响因素方面，学者多采取经济学和社会学相结合的分析视角，从个人及家庭、流入地和迁出地以及制度环境三大方面进行考察。

宏观因素方面，部分学者考察了流入地的经济发展水平、地理区位和住房价格对农民工家庭进城落户的影响机制（周密等，2015；周皓和刘文博，2022；王洁晶和张沐华，2023；Chen et al.，2023），户籍制度和农村土地制度也被认为是影响迁移决策的关键（徐美银，2019；邹一南，2020；程郁等，2023）。已有研究中，关于房价对农民工迁移决策的影响存在一定分歧，一种观点指出房价反映了农民工市民化成本，高房价会降低农民工的城镇定居意愿

（周建华和周倩，2014；刘金凤和魏后凯，2021；王捷凯等，2023；Garriga et al.，2023），另一种观点则认为与高房价相伴而生的是完善的公共服务体系和更好的发展前景，故房价对农民工迁移决策会产生两种方向相反的作用（张莉等，2017）。此外，还有学者指出，相较于流入地的房价，房价与当地工资水平是否匹配才是农民工进行迁移决策的首要考虑因素（陈良敏和丁士军，2019）。近年来，在农民工整体落户意愿不足的背景下，城市公共服务以及社会福利的作用凸显，已有实证研究表明，流入地的公共服务和福利水平越高、公平性越强，农民工的永久迁移意愿就越强（林李月等，2019；邹一南，2021；王珩和龚岳，2023；Liversage，2023）。

微观因素方面，现有研究普遍认为，个人禀赋、家庭资源和家庭结构是影响农民工进城落户的关键因素（刘同山和孔祥智，2014；孙林和田明，2020；田明和徐庆文，2023；White et al.，2023），但具体结论存在一定分歧。个体特征方面，农民工个人禀赋对家庭进城落户有显著影响，性别、年龄、婚姻状况与迁移偏好紧密相关，受教育程度和健康状况则反映了农民工的人力资本积累，是个人能力的直观体现（苏红键，2020；田明和刘悦美，2021；宋丽敏和张铭志，2022；黄造玉等，2023）。家庭特征方面，家庭结构、家庭生命周期以及家庭资源与农民工家庭落户城市的决策息息相关。一种观点认为，抚养子女或赡养老人的家庭在整体迁移上存在阻力（陈良敏和丁士军，2019；孙林和田明，

2020）；另一种观点则认为，农民工对家人团聚的情感需求有可能超过纯粹的经济理性，形成举家迁移的强大动力（Moskal et al.，2016；苗海民和朱俊峰，2021）。农村土地是重要的家庭资源，部分学者认为由于农地具有收入和保障功能，拥有农地不利于农民工家庭进城落户（李勇辉等，2019；李帆和冯虹，2021）；还有学者认为随着户籍制度、社会保障制度的改革，拥有农地已不再对农民工落户城市产生明显影响（叶兴庆等，2018；邹一南，2021）。还有学者从文化认同、社会融入等视角切入，认为经济适应是永久迁移的前提，心理及文化层面的适应才是永久迁移的关键（刘雅婷和黄健，2018；刘金凤和魏后凯，2022；张连刚等，2023）。

梳理相关文献可知，针对农民工家庭进城落户问题的研究，已取得一定研究成果，但仍有以下问题亟待解决。一是现有研究多关注意愿而非实际行为，认为意愿在较大程度上能反映农民工的行为选择。实际上，落户意愿只是某一时期的心理倾向，容易受到内外部因素影响而变化，不一定能转化为落户行为。二是已有研究多以大城市的农民工为研究对象，未意识到小城市也是吸纳农业转移人口的重要载体，不符合当下大量农民工向县城集聚的现实。三是在农民工家庭进城落户的影响因素方面，已有研究的结论存在一定分歧，还需进一步检验。基于此，本章拟在前人研究的基础上，以推拉理论为理论基础，采取宏观与微观相结合的视角，综合考虑多种因素对农民工家庭化迁移的影响。本章可能的边际贡献在于，以县城、县级市等小城市的农民工为研究对象，关注农民工家庭落户城市的实际行为，对切实推进农民工家庭落户城市，实现农民就地城镇化、完善城镇化空间格局具有重要意义。

第二节　数据来源及描述性统计

一、数据来源

本章数据来源于课题组针对安徽省农民工城镇落户状况的问卷调查。问卷设计包括个人基本信息、家庭情况、工作现状和生活状况等方面，共发放问卷6194份。调查地点有亳州市、六安市、安庆市、宿州市、滁州市、阜阳市以及马鞍山市，包括17个县（县级市）和四个区。根据研究需要，保留了年龄区间为16~60岁的观测值，剔除了家庭户口类型这一关键信息缺失及异常的观测值，最终得到6041个有效观测值。

二、变量设定及描述性统计

本章研究的核心主题为农民工家庭进城落户，被解释变量为家庭户口，来自调查问卷中的问题"您的家庭目前是什么户口"，回答为"城镇户口"的即已实现家庭进城落户，赋值为1，回答为"农村户口"的则赋值为0。根据已有研究成果和本次问卷的数据可得性，本章将农民工个人、家庭、就业以及流入地四个方面的因素引入模型作为解释变量。本章选取的个体特征包括性别、年龄、婚姻状况、受教育程度以及健康状况，家庭特征包括家庭规模、有无子女、住房类型以及土地流转，就业特征主要有工资水平、职业培训、城镇职工医保、工作变动情况和本地务工时间，流入地特征有人均GDP、住房可负担性、医疗资源以及城市等级。上述变量的定义和描述性统计如表6-1所示。

表6-1　　　　　　　　变量定义和描述性统计

变量名称			定义	均值	标准差	最小值	最大值
因变量	家庭户口		城镇户口为1，农村户口为0	0.2058	0.4043	0	1
自变量	个体特征	性别	男性为1，女性为0	0.4342	0.4957	0	1
		年龄 25岁及以下	年龄在25岁及以下为1，否为0	0.1475	0.3546	0	1
		26~35岁	年龄在26~35岁为1，否为0	0.4781	0.4996	0	1
		36~45岁	年龄在36~45岁为1，否为0	0.2606	0.4390	0	1
		45岁以上	年龄在45岁以上为1，否为0	0.1139	0.3177	0	1

续表

变量名称			定义	均值	标准差	最小值	最大值
自变量	个体特征	婚姻状况	已婚为1，未婚为0	0.7631	0.4252	0	1
		受教育程度 小学及以下	小学及以下为1，否为0	0.0995	0.2993	0	1
		初中	初中为1，否为0	0.4617	0.4986	0	1
		高中或中专	高中或中专为1，否为0	0.2832	0.4506	0	1
		大专及以上	大专及以上为1，否为0	0.1556	0.3625	0	1
		健康状况	非常差为1，比较差为2，一般为3，比较好为4，非常好为5	3.8578	0.8701	1	5
		城市身份认同	认为自己是城市居民为1，否为0	0.1526	0.3597	0	1
	家庭特征	家庭规模	被访者家庭成员数量（人）	4.2203	1.4191	0	15
		有无子女	有为1，没有为0	0.3764	0.4845	0	1
		住房类型 租房	租房为1，否为0	0.4276	0.4948	0	1
		单位提供	单位提供住房为1，否为0	0.3215	0.4671	0	1
		自购	自购房为1，否为0	0.2510	0.4336	0	1
		土地流转	已转出为1，未转出为0	0.4728	0.4993	0	1

	变量名称	定义	均值	标准差	最小值	最大值
自变量	就业特征 工资水平	被访者月均工资低于 2500 元为 1，2500～3500 元为 2，3500～4500 元为 3，4500 元以上为 4	2.5504	1.0732	1	4
	职业培训	接受过职业培训为 1，否为 0	0.5291	0.4992	0	1
	城镇职工医保	参加为 1，未参加为 0	0.2399	0.4270	0	1
	本地务工时间	五年以上为 1，五年以下为 0	0.2902	0.4539	0	1
	工作变动	少于两次为 1，两次以上为 0	0.1919	0.3938	0	1
	流入地特征 人均 GDP	人均 GDP（万元）	2.5239	0.9374	0.9190	4.7214
	住房可负担性	城镇居民人均可支配收入除以房价	5.2543	0.7656	4.201	6.9715
	医疗资源	医院及卫生机构床位数（张/万人）	43.2710	11.1456	26.0254	67.9863
	城市等级	县城/县级市为 1，市辖区为 2	1.2139	0.4101	1	2
观测值			6041			

由表 6-1 可知，本章有效样本中，仅有 20.58% 的农民工家庭已落户城市，绝大多数农民工家庭仍是农村户口。

个体特征方面，受访农民工中女性占比为 56.58%，平均年龄为 34.60 岁，已婚比例高达 76.31%，受教育程度普遍不高，初中及以下文化程度的农民工超过半数，大专及以上的仅占 15.56%，农民工健康状况良好。

家庭特征方面，平均家庭成员数量为 4.22 人，有子女的农民工占比为 37.64%，接近半数的农民工租房居住。从土地流转情况来看，50% 左右的农民工未进行土地流转，整体上土地流转参与度不高。一方面，由于农民工务工收入整体偏低，土地转出率偏低可能是兼业经营的结果；另一方面，即使已实现全家迁移，脱离了农业的农民工，将土地全部转出的也仅有 22.85%。

就业特征方面，农民工月均工资多处于 2500～3500 元的区间内，接受过职业培训的农民工占比 52.91%，参与了城镇职工医保的农民工占比 23.99%，未参保的农民工高达七成以上，可见农民工的劳动权益受损现象较为严重，城市生活缺乏保障。受访农民工在当前务工地的就业稳定性较高，工作变动少于两次的农民工占比为 19.19%，本地务工年限在五年以上的农民工占比 29.02%。

流入地特征方面，2018 年，样本农民工所在务工地的平均住房可负担性为 5.25，人均 GDP 为 2.52 万元。前往县城（县级市）务工的农民工占绝大多数，占比高达 78.61%。对已实现家庭落户城市的农民工，问卷进一步调查了其家庭落户城镇前后的收入情况，结果显示 90% 以上的农民工家庭收入有所提高，可见经济利益是促使农村劳动力迁往城市的重要因素。在未实现举家迁移的农民工中，仅有约35%的农民工表示有城市定居意愿，绝大部分则表示未来将返回原籍。可见由于自身资源禀赋不足、城市公共服务不均且生活成本较高等原因，流动人口的城市定居意愿仍处于较低水平。

第三节　理论基础与计量模型

一、理论基础

本章基于推拉理论构建了一个农民工家庭进城落户行为的分析框架。推拉理论源于拉文斯坦（Ravenstein，1885）对人口迁移的研究，之后由巴格内（Bagne，1969）明确提出并系统化。巴格内指出，迁移决策产生于拉力和推力的相互作用，是一种理性选择的结果。农村的推力和城市的拉力能促进人口迁移，如农村不利的生活条件、城市完善的公共服务；反之，农村的拉力和城市的推力则是阻碍人口迁移的不利因素，如农村良好的社会资本、城市高昂的生活成本。李（Lee，1966）认为，除了推力和拉力之外，距离远近、物质障碍、语言文化差异等中间障碍因素也会对人口迁移产生影响，以上三种因素共同作用于人口迁移决策。随着推拉理论的发展与成熟，更多的因素被纳入分析框架，例如反映个体迁移能力的人力资本、体现流入地吸引力的政治因素等，该理论对人口迁移动因的解释日臻完善。

按照推拉理论的观点，农民工向城市的迁移受到流入地和迁出地的推力和拉力作用，以及中间障碍因素的影响。本章以农民工家庭为研究对象，以推拉理论为理论基础，采取宏观与微观相结合的视角，综合考虑农民工个体特征、家庭特征、就业特征以及流入地特征对农民工家庭进城落户的影响。基于此，本章提出如下假设。

假设6-1：农民工个人的人力资本积累对全家进城落户具有显著正向影响；

假设6-2：转出土地对农民工全家进城落户有显著促进作用；

假设6-3：参加城镇职工医保能显著促进农民工全家进城落户。

二、计量模型

本章的被解释变量是农民工家庭是否进城落户，取离散数值且有"是""否"两个选择，若农民工家庭已落户城市，赋值为1，否则为0。若采用线性概率模型，虽计算简便，但可能会产生异方差、预测值不符合现实情形等问题，所得结果只能作为粗略参考。此类问题中，Probit 模型和 Logit 模型是较为常用的离散选择模型。本章选用二元 Probit

模型分析农民工家庭化迁移的影响因素，模型的具体设定
形式为：

$$fahukou_i^* = \alpha + \beta X_i + \varepsilon_i \qquad (6-1)$$

$$fahukou_i = \begin{cases} 1, & \text{当}\ fahukou_i^* > 0\ \text{时，农民工家庭为城市户口} \\ 0, & \text{当}\ fahukou_i^* < 0\ \text{时，农民工家庭不是城市户口} \end{cases}$$
$$(6-2)$$

式中，ε_i 为随机扰动项，服从标准正态分布，影响农民
工家庭进城落户的二元离散选择模型可表示为：

$$\begin{aligned}\mathrm{prob}(fahukou_i = 1 \mid X = x) &= \mathrm{prob}(fahukou_i^* > 0 \mid x) \\ &= \mathrm{prob}\{[\mu > (\alpha + \beta X_i)] \mid x\} \\ &= 1 - \Phi[-(\alpha + \beta X_i)] \\ &= \Phi(\alpha + \beta X_i) \qquad (6-3)\end{aligned}$$

式（6-3）中，Φ 为标准正态累计分布函数，$fahukou_i^*$
为潜在变量，$fahukou_i$ 为实际观测到的二分类因变量，表示
第 i 个农民工的家庭进城落户情况，取值为 1 表示家庭已落
户城市，取值为 0 表示家庭尚未落户城市。X 为影响因素向
量，x 为实际观测到的影响因素，包括个体特征、家庭特
征、就业特征以及流入地特征四个方面的多个变量。农民工
家庭进城落户的影响因素 Probit 模型可建立为：

$$\begin{aligned}\mathrm{prob}(fahukou_i = 1 \mid X_i) &= \Phi(\alpha + \beta_{1n}X_1 + \beta_{2n}X_2 + \beta_{3n}X_3 + \beta_{4n}X_4) \\ &= \Phi(\alpha + \beta_{11}X_{11} + \beta_{12}X_{12} + \cdots + \beta_{1n}X_{1n} \\ &\quad + \beta_{21}X_{21} + \cdots + \beta_{2n}X_{2n} + \beta_{31}X_{31} + \cdots \\ &\quad + \beta_{3n}X_{3n} + \beta_{41}X_{41} + \cdots + \beta_{4n}X_{4n} + \varepsilon_n)\end{aligned}$$
$$(6-4)$$

式（6-4）中，$\mathrm{prob}(fahukou_i = 1 \mid X_i)$ 是农民工家庭已落户城市的概率；X_i 为解释变量向量；X_{1n} 表示第一个解释变量向量下的第 n 个解释变量；β_{1n} 为其 Probit 回归系数；α 为常数项。

第四节　实证结果

一、基准模型回归结果

基准回归中，模型6-1仅纳入个体特征，模型6-2~模型6-4在模型6-1的基础上依次加入家庭特征、就业特征和流入地特征。Probit 模型的估计系数值表示自变量对"对数几率比"的边际影响，结果不能直接解释。为得到对实证结果的实质性解释，本章用边际效应反映各解释变量对家庭化迁移的影响。表6-2是基准回归的计量结果，模型6-1~模型6-4的解释力逐渐增强，故重点解释模型6-4的回归结果。

从个体特征来看，性别、年龄、婚姻状况对农民工家庭进城落户的影响不显著，表明家庭化迁移不存在明显的群体分化。学历和健康状况作为人力资本的重要组成部分，能显著促进农民工家庭化迁移，农民工的学历越高、身体素质越好，举家迁入城市的可能性更大。一方面，教育是人力资本

表 6-2 农民工家庭进城落户的 Probit 模型回归结果

	变量名称		模型 6-1		模型 6-2		模型 6-3		模型 6-4	
			边际效应	标准误	边际效应	标准误	边际效应	标准误	边际效应	标准误
个体特征	性别（女）		-0.0204*	0.0104	-0.0082	0.0104	-0.0029	0.0094	-0.0052	0.0094
	年龄（25岁及以下）	26~35岁	0.0303**	0.0153	0.0156	0.0160	-0.0091	0.0154	-0.0120	0.0154
		36~45岁	0.1046***	0.0192	0.0795***	0.0198	0.0144	0.0187	0.0102	0.0187
		45岁以上	0.1798***	0.0245	0.1412***	0.0246	0.0359	0.0222	0.0263	0.0221
	婚姻状况（未婚）		0.0317**	0.0149	0.0451***	0.0154	0.0186	0.0137	0.0169	0.0136
	受教育程度（小学及以下）	初中	0.0081	0.0150	0.0064	0.0152	0.0021	0.0145	0.0018	0.0146
		高中或中专	0.1318***	0.0176	0.1188***	0.0176	0.0803***	0.0164	0.0751***	0.0165
		大专及以上	0.2136***	0.0213	0.1860***	0.0213	0.1246***	0.0195	0.1077***	0.0195
	健康状况		-0.0020	0.0060	-0.0011	0.0059	0.0086	0.0053	0.0087*	0.0053
家庭特征	家庭规模				-0.0203***	0.0040	-0.0156***	0.0036	-0.0133***	0.0035
	有无子女（无）				-0.0134	0.0110	-0.0061	0.0102	-0.0120	0.0101

续表

变量名称		模型 6-1		模型 6-2		模型 6-3		模型 6-4	
		边际效应	标准误	边际效应	标准误	边际效应	标准误	边际效应	标准误
家庭特征	住房类型（租房）单位提供			0.0168	0.0113	0.0163	0.0104	0.0145	0.0104
	住房类型（租房）自购			0.1523***	0.0139	0.0956***	0.0124	0.0898***	0.0124
	土地流转（未转出）			0.0131	0.0101	0.0171*	0.0090	0.0194**	0.0091
	工资					-0.0507**	0.0235	-0.0172	0.0237
	工资的平方					0.0065	0.0046	0.0014	0.0046
	职业培训（未参加）					0.0163*	0.0092	0.0200**	0.0092
就业特征	城镇职工医保（未参加）					0.0633***	0.0117	0.0572***	0.0116
	本地务工时间（五年以下）					0.3453***	0.0134	0.3374***	0.0133
	工作变动（少于两次）					-0.021*	0.0116	-0.0133	0.0116

续表

变量名称		模型 6 - 1		模型 6 - 2		模型 6 - 3		模型 6 - 4	
		边际效应	标准误	边际效应	标准误	边际效应	标准误	边际效应	标准误
流入地特征	人均 GDP							- 0.0563 **	0.0258
	人均 GDP 的平方							0.0023	0.0047
	住房可负担性							0.0235 ***	0.0070
	医疗资源							0.0035 ***	0.0005
	城市等级							0.0171	0.0168
观测值		6041		6041		6041		6041	

注: * 、 ** 、 *** 分别表示在 10% 、 5% 和 1% 的统计水平上显著。

积累的重要途径，能增强农民工在务工地的生存和发展能力，使农民工更有能力承担家庭化迁移的成本；另一方面，相较于低学历群体，高学历群体追求更稳定的、有品质的生活。与受教育程度在小学及以下的农民工相比，学历为高中或中专的农民工进行家庭化迁移的概率高出 7.51%，大专及大专以上学历的农民工进行家庭化迁移的概率高出 10.77%，且均在 1% 的统计水平上显著。健康状况的改善有利于强化人力资本、增加劳动供给，对个人收入有积极的影响，有助于积累家庭化迁移所需的物质资本。上述结果验证了假设 6 - 1，即人力资本存量越丰富的农民工，全家进城落户的可能性越大。

从家庭特征来看，家庭规模较小、与乡村联系较弱的农民工家庭更倾向于举家落户城市。农民工家庭每增加一名成员，家庭进城落户的概率下降 1.33%，且在 1% 的统计水平上显著。一方面，较大的家庭规模意味着较高的城市生活成本，对农民工家庭的经济状况有着较高要求；另一方面，作为一项家庭生计策略，迁移决策通常以家庭为决策主体，家庭规模越大，内部成员的个人禀赋和行为选择差异也就越大，从而越难形成一致决策。与没有子女相比，有子女的农民工家庭进城落户的概率降低 1.2%，且影响不显著，该结论与崇维祥和杨书胜（2015）、王文刚等（2017）等学者的研究成果相悖。原因可能在于，上述研究针对的是江浙沪、京津冀等发达地区的流动人口，对有子女的农民工家庭而言，发达城市高水平的教育具有强大的吸引力，从而推动了家庭化迁移决策的产生。而本章以小城市的农民工为研究对象，小城市的教育水平对农民工家庭的拉力不足，子女在务工地就读还可能存在入学手续复杂、费用较高等问题，故有子女对家庭进城落户产生负向影响且不显著。

住房类型方面，相较于由单位提供住房，拥有自购房对农民工家庭进城落户有显著正向影响。住房成本是农民工家庭化迁移成本的重要组成部分，拥有自购房是农民工经济实力的体现，反映出其有较强的市民化能力。在城市购房之后，农民工居住稳定性的提高降低了再度迁移的可能性，拥有住所也增强了农民工的市民身份认同感，从而显著提高其举家迁入城市的可能性。与未进行农地流转的农民工家庭相比，将农地流转出去有助于提高家庭化迁移的概率。一方面，农地流转有利于弱化农民工家庭与农村社区、农业生产之间的联系，增加农民工在城市的长期居留意愿，提高非农就业的稳定性；另一方面，农地流转能为农民工带来一定的财产性收入，为举家迁入城市积累必要的物质资本，故流出土地对农民工家庭化迁移存在积极影响。该结果支持了假设 6 - 2，即转出土地有利于农民工全家进城落户。

从就业特征来看，农民工在流入地的劳动权益保障状况、务工时间对家庭进城落户存在显著影响。劳动权益保障方面，职业培训是农民工人力资本积累的重要手段，有助于改善农民工就业情况，提高农民工的城市融入度。城镇职工医疗保险能提高农民工的抗风险能力，有利于该群体在城市实现稳定的生活和就业，从而从物质、心理两个层面融入城市社会。接受职业培训、参加城镇职工医疗保险均能显著提高农民工举家落户城市的概率。农民工在流入地务工时间的增长对举家落户城市起到显著的促进作用。居留时间越长，农民工在当地的就业与生活越稳定，社会融入度越高，离开此地的成本也就越大，故更有可能做出全家进城落户的决定。在模型3中，将就业因素纳入考虑后，农民工的年龄和婚姻状况对家庭化迁移的影响不再显著。该现象说明迁移是一项基于经济理性的选择，就业情况在较大程度上反映了农民工家庭的城市定居能力，能力不足时，农民工不会贸然选择举家迁入城市。上述结论验证了假设6-3，表明参加城镇职工医保能显著促进农民工全家进城落户。

从流入地特征来看，流入地的经济发展和公共服务是农民工家庭化迁移决策中的重要考量因素。流入地的人均GDP对农民工家庭化迁移的影响存在"U"型分布，人均GDP处于较低水平时，其增长会显著降低家庭进城落户的概率；人均GDP超过一定数值后，影响才由负转正，但不显著，说明该变量对家庭化迁移主要起到抑制作用。可能的原因是，问卷调查结果显示，流入城市的人均GDP在2.5万元左右，城市经济发展水平相对较弱、公共服务有待完善，对农民工家庭永久性迁移的吸引力不足。人均GDP的提高意味着生活成本更高，从而抑制了农民工家庭进城落户意愿，农民工为获得高收入，倾向于选择在城乡间流动。住房可负担性对农民工家庭化迁移有显著的正向效应，处于合理范围内的房价有利于农民工在流入地购房置业，从而为举家迁入城市创造条件。流入地充足的医疗资源也是吸引农民工家庭化迁移的重要因素，表明该群体对健康的重视程度较高。

二、稳健性检验

与未实现家庭进城落户的农民工相比，举家落户城市的农民工已完成了社会地位的提高和身份的转变，在社会保障、公共服务等方面拥有相对更好的待遇，通常有较高的城市身份认同。拥有较强的城市身份认同感也说明农民工的城市融入度较高，对城市生活适应性强、满意度高，倾向于举家迁入城市。以城市身份认同代替家庭化迁移具有一定的合理性，因为两个变量间存在较强的相关性。为检验上述模型的稳健性，本章将"城市身份认同"作为"家庭进城落户"的替代变量，重新进行 Probit 估计。此外，为进一步检验结论的稳健性，本章用 Logit 模型替代 Probit 模型再次进行估计。结果如表 6-3 所示，在更换了被解释变量、替换回归方法后，回归结果与上述分析基本保持一致，表明基准模型的回归结果具有稳健性。

表 6 - 3 稳健性检验

变量名称			模型 6 - 5（被解释变量：城市身份认同）		模型 6 - 6（Logit 回归）	
			边际效应	标准误	边际效应	标准误
个体特征	性别（女）		0.0026	0.0091	- 0.0090	0.0095
	年龄（25 岁及以下）	26 ~ 35 岁	- 0.0053	0.0148	- 0.0108	0.0155
		36 ~ 45 岁	0.0125	0.0180	0.0101	0.0189
		45 岁以上	0.0613 **	0.0220	0.0246	0.0222
	婚姻状况（未婚）		0.0063	0.0138	0.0139	0.0138
	受教育程度（小学及以下）	初中	0.0145	0.0137	- 0.0023	0.0150
		高中或中专	0.0693 ***	0.0156	0.0711 ***	0.0169
		大专及以上	0.1314 ***	0.0193	0.1027 ***	0.0199
	健康状况		0.0120 **	0.0051	0.0088 *	0.0053
家庭特征	家庭规模		- 0.0122 ***	0.0033	- 0.0142 ***	0.0035
	有无子女（无）		- 0.0050	0.0097	- 0.0162	0.0103
	住房类型（租房）	单位提供	- 0.0151	0.0096	0.0160	0.0105
		自购	0.0821 ***	0.0121	0.0876 ***	0.0123
	土地流转（未转出）		0.0153 *	0.0086	0.0203 **	0.0091
就业特征	工资		- 0.0014	0.0229	- 0.0144	0.0238
	工资的平方		0.0000	0.0044	0.0010	0.0046
	职业培训（未参加）		0.0104	0.0087	0.0188 **	0.0092
	城镇职工医保（未参加）		0.0380 ***	0.0109	0.0505 ***	0.0116

续表

变量名称		模型 6 - 5（被解释变量：城市身份认同）		模型 6 - 6（Logit 回归）	
		边际效应	标准误	边际效应	标准误
就业特征	本地务工时间（五年以下）	0.1764 ***	0.0118	0.3387 ***	0.0136
	工作变动（少于两次）	- 0.0111	0.0108	- 0.0192	0.0118
流入地特征	人均 GDP	- 0.0454 *	0.0253	- 0.0480 *	0.0265
	人均 GDP 的平方	0.0011	0.0047	0.0008	0.0048
	住房可负担性	0.0188 ***	0.0068	0.0253 ***	0.0071
	医疗资源	0.0021 ***	0.0004	0.0035 ***	0.0005
	城市等级	- 0.0240	0.0172	0.0138	0.0170
观测值		6041		6041	

注：*、**、*** 分别表示在 10%、5% 和 1% 的统计水平上显著。

三、异质性分析

新生代农民工与老一代农民工在人力资本、家庭结构、职业发展以及社会角色等方面存在较大差异，故家庭落户城市的影响因素也存在代际差异。为具体考察这一差异，本章借鉴以往研究的做法，将出生于 1980 年及之后的农民工定义为新生代农民工，剩余群体则为老一代农民工。在本章的研究样本中，新生代农民工占比超过七成，可见新生代农民工已成为我国新型产业工人的主力，该群体能否成功市民化对我国新型城镇化而言至关重要。

不同代际农民工的对比分析如表 6 - 4 所示。为考察"年龄"这一变量对家庭落户城市的影响，该部分的"年龄"变量为连续变量。对老一代农民工来说，男性和女性选择家庭化迁移的概率存在显著差异，女性更倾向于举家迁入城市，而在新生代流动人口中，性别对家庭化迁移没有显著影响。老一代农民工中，已婚群体进行家庭化迁移的概率比未婚群体高 12.50%，而对于新生代农民工来说，婚姻状况并非影响其家庭化迁移决策的主要因素。可见，老一代农民工对家庭团聚更为重视，对家庭的责任感相对更强。受教育程度的提高对不同代际农民工的家庭化迁移均有显著促进作用，说明目前农民工就业质量有所提高，已不再以简单的体力劳动为主，较高的学历已成为重要的竞争优势。

表 6 - 4   不同代际农民工家庭化迁移的影响因素回归结果

变量名称		新生代农民工		老一代农民工	
		平均边际效应	标准误	平均边际效应	标准误
个体特征	性别（女）	0.0084	0.0102	− 0.0528**	0.0215
	年龄	− 0.0008	0.0010	0.0020	0.0022
	婚姻状况（未婚）	0.0027	0.0133	0.1250***	0.0487

续表

变量名称			新生代农民工		老一代农民工	
			平均边际效应	标准误	平均边际效应	标准误
个体特征	受教育程度（小学及以下）	初中	0.0112	0.0186	−0.0001	0.0258
		高中或中专	0.0589***	0.0201	0.1496***	0.0333
		大专及以上	0.0859***	0.0219	0.2677***	0.0536
	健康状况		0.0113*	0.0059	−0.0016	0.0114
家庭特征	家庭规模		−0.0082**	0.0038	−0.0294***	0.0083
	有无子女（无）		−0.0031	0.0117	−0.0318	0.0200
	住房类型（租房）	单位提供	0.0059	0.0112	0.0418*	0.0239
		自购	0.0735***	0.0143	0.1254***	0.0243***
	土地流转（未转出）		0.0231**	0.0100	0.0158	0.0195
就业特征	工资		−0.0292	0.0269	0.0027	0.0492
	工资的平方		0.0042	0.0051	−0.0037	0.0096
	职业培训（未参加）		0.0333***	0.0102	−0.0131	0.0196
	城镇职工医保（未参加）		0.0490***	0.0132	0.0799***	0.0236
	本地务工时间（五年以下）		0.3653***	0.0161	0.2723***	0.0229
	工作变动（少于两次）		−0.0059	0.0132	−0.0176	0.0244
流入地特征	人均GDP		−0.0393	0.0291	−0.0606	0.0551
	人均GDP的平方		0.0008	0.0052	−0.0067	0.0107

续表

变量名称		新生代农民工		老一代农民工	
		平均边际效应	标准误	平均边际效应	标准误
流入地特征	住房可负担性	0.0168 **	0.0075	0.0635 ***	0.0169
	医疗资源	0.0037 ***	0.0005	0.0032 ***	0.0009
	城市等级	0.0015	0.0168	0.1338 **	0.0583
观测值		4428		1613	

注：*、**、***分别表示在10%、5%和1%的统计水平上显著。

健康状况的改善能显著提高新生代农民工家庭进城落户的概率，健康人力资本的积累对老一代农民工则没有明显影响，而且城市医疗资源对新生代农民工家庭有更强的吸引力，是其进行家庭化迁移决策时的重要考虑因素。可能的原因是，新生代农民工多处于职业发展期，良好的身体素质对于求职和职业发展至关重要。健康状况的改善有利于强化人力资本、增加劳动供给，对个人收入有积极的影响，有助于积累家庭化迁移所需的物质资本。而老一代农民工多处于职业成熟期，健康状况已不再是影响其职业发展的主要因素。对不同代际的农民工而言，家庭规模的扩大对家庭落户城市均起到显著的抑制作用，自购房、参加城镇职工医疗保险均起到显著的促进作用。转出土地、参加职业培训对新生代农民工举家落户城市有显著正向作用，而对老一代农民工则无显著影响，说明相较于老一代农民工，土地流转租金和职业技能积累对新生代农民工而言更加重要。

从流入地因素来看，对新老农民工来说，城市经济发展水平并非家庭落户城市的主要考虑因素，住房可负担性和医疗资源才是决策的关键因素。可见，家庭化迁移决策是以收益与成本的比较为基础的，相比城市经济基本面，农民工更关注迁入城市后的生活质量，能否承担住房成本、能否享受优质的医疗服务等因素都对决策结果有着重要影响。相比流入县（县级市），流入市辖区能使老一代农民工家庭化迁移的概率提高14.03%，对新生代农民工的影响则不显著。可能的原因是，老一代农民工对未来发展有更清晰的规划，对流入地有更高的要求，较高的城市等级意味着更好的发展前景，因而有更强烈的吸引力。

第五节 本章小结

第一，人力资本积累能显著促进农民工家庭进城落户。本章中，反映农民工人力资本存量的变量包括文化程度、健康状况和职业培训，实证结果表明，较高的文化程度、良好的身体素质以及系统的职业培训均能显著提高农民工举家落户城市的概率。从系数和显著性来看，在促进农民工家庭进城落户方面，学历提升所起的作用最大，职业培训次之，健康状况改善的影响则最小。该结论说明，在农民工平均学历水平偏低、劳动技能不足的情况下，文化水平和职业能力的提升有利于增加农民工的就业竞争力，促进农民工从劳动型就业向技术型就业转变，从而为举家落户城市积累必要的物质资本，提高全家进城落户的可能性。异质性分析表明，受教育程度提高对新、老一代农民工家庭进城落户均有显著促进作用，健康水平提高和职业培训只对新一代农民工家庭落户城市有显著正向影响。

第二，转出土地和参加城镇职工医疗保险对农民工家庭进城落户有显著正向影响。与未进行土地流转的农民工家庭相比，转出土地使农民工家庭化迁移的概率提高了 8.98%。一方面，土地是将农民工与乡村紧密相连的重要纽带，转出土地将弱化农民工家庭与农村社区的联系，提高其在城市就业、生活的稳定性；另一方面，转出土地带来的财产性收入为农民工举家落户城市积累了物质资本，从而对农民工家庭化迁移起到正向促进作用。与未参加城镇职工医疗保险的农民工相比，参保农民工举家迁入城市的概率提高了 5.72%。城镇职工医疗保险是农民工劳动权益的重要内容，参保有利于降低农民工的社会排斥感，提高农民工的抗风险能力，帮助农民工从心理、物质两个层面融入城市，从而提高农民工家庭进城落户的概率。

第三，流入地的住房可负担性和医疗资源对农民工家庭进城落户有显著影响。务工地的住房可负担性越高、医疗资源越丰富，农民工举家落户城市的可能性就越大。居住成本是影响农民工家庭化迁移的主要因素之一，住房可负担性反映了该城市的房价是否处于合理范围内，对农民工居留意愿及后续的落户行为有着较大影响。实证结果表明，流入地的住房可负担性每提高一个单位，农民工家庭进城落户的可能性就会增加 2.53%。流入地和迁出地之间公共服务水平的差距是促进人口迁移的重要因素之一，城市医疗资源一定程度上反映了该城市的公共服务水平，是影响农民工家庭化迁移的主要因素。研究发现，流入地的医疗资源每增加一个单位，农民工举家落户城市的可能性就会提高 0.35%。异质性分析表明，新生代农民工和老一代农民工的家庭化迁移行为均受到流入地住房可负担性和医疗资源的显著正向影响。

第七章 安徽省农民工家庭化迁移的影响因素分析

本章基于安徽省流动人口动态监测数据，使用 Probit 和 Ⅳ－Probit 回归模型，实证分析了个人特征、家庭特征、工作特征和流动特征等因素对安徽省农民工家庭化迁移的影响。研究发现：第一，教育人力资本对农民工的家庭化迁移有着显著的正向推动作用，户主的受教育水平越高，家庭迁移的可能性越大。第二，在流入地享有社会保障和持有居住证的农民工表现出更为明显的家庭迁移行为特征。第三，农民工的举家迁移在一定程度上受到较高工作强度和非弹性工作的限制。第四，在户籍地有宅基地对农民工家庭迁移有着显著的拉回效应。为了推动农民工家庭化迁移，应提高农村人口的人力资本水平、保障农民工平等参与社会保险、支持农民工多渠道灵活就业、促进农村闲置宅基地有偿转让以及增强农民工家庭的社会融合度等。

第一节 引 言

"十四五"期间，伴随我国以人为核心的新型城镇化战略的不断推进，农村外出务工的劳动力数量与日俱增。安徽省统计局数据显示，2022年全省农民工总量1996.6万人，超过全省人口总数的30%，其中省外流出农民工1264万人，占据了全省农民工总数的绝大部分。农民工的大规模迁移是我国城市化进程的重要推动力，但以个体流动为主的"乡-城"迁移方式造成了农民工夫妻两地分居，农村留守妇女不断增多，青壮年劳动力的大量外流也加剧了农村的空巢化和留守儿童问题。此外，经济层面的社会排斥和制度缺失使得众多"候鸟式"迁移的农民工徘徊于城市社会边缘，难以真正地融入其中，我国的市民化水平严重滞后于城镇化发展。随着我国的人口流动进入新的发展阶段，农民工的迁移模式也发生着结构性的变化，家庭化流动趋势日益凸显（孙林和田明，2020）。一方面，举家迁移是流动人口"市民化"的加速器（李艳和齐亚，2022），在一定程度上反映了他们较高的社会融合度和城市居留意愿（林赛南等，2019；李瑶玥和任远，2021；李天骄等，2023）；另一方面，家庭化迁移通过促进农民工家庭团聚、改善代际流动性（宋旭光和何佳佳，2019）以及带动更多家庭成员享受城市优质资源等方式有效弥合了个体独自迁移的局限。因此，研究安徽省农民工的家庭化迁移及其影响因素，对于提升农民工的生活水平和促进城市化提质增速有着重要意义。

目前学术界对流动人口家庭化迁移影响因素的研究越发多元化，既有基于微观层面的个体和家庭差异性分析，也囊括了宏观层面的制度和社会因素方面的探讨，主要有以下三个方面：一是个人因素对农民工家庭化迁移的影响。一般意义上的家庭迁移，早期都是出于提高家庭收益等经济原因的考虑，选择经济能力较强的人进入城市，因此流动人口的个人特征对家庭迁移的影响比较大（周皓，2004）。关于性别因素的讨论，有观点认为男性多为先行迁出者，主要原因可能是在普通的家庭决策中女性多处于从属地位，所以外迁频率要低于男性（马瑞等，2011），也有一些学者指出男性的先行地位正在减弱（吴帆，2016），女性家庭迁移发生的概率要明显高于男性（扈新强等，2017）。在年龄方面，有学者研究发现，流动人口携带家眷的数量随着年龄的增长而有所增加（王志理和王如松，2011；李吉品和郭晓光，2018），但是城市生产部门对就业者具有年龄偏好，如果迁移者年龄过大，在就业中处于劣势，反而会选择返回迁出地（孙站文和杨学成，2014）。在受教育程度上，一些学者通过相关研究发现，受教育程度越高，带动家庭成员流动的可能性就越大（朱明芬，2009；孙林和田明，2020），而也有学者认为，户主的受教育水平与家庭迁移决策呈负相关关系（李吉品和郭晓光，2018）。就婚姻状况而言，已婚的迁移者更能带动家庭成员两迁（王文刚等，2017）。

二是家庭特征对流动人口家庭迁移的影响。洪小良（2007）研究表明，家庭迁移的可能性与家庭亲戚网络的复杂程度呈正相关，但也有学者发现，复杂的家庭结构即户内关系，却是家庭迁移的阻碍因素（周皓，2004）。子女数量也是影响家庭迁移决策的关键因素。部分学者认为，家庭子女数量的增加会促进流动人口家庭化迁移（王文刚等，2017；张保仓和曾一军，2020），而也有一些学者发现，子女数量对家庭迁移有着负向影响（盛来运，2007）。在家庭禀赋方面，有研究表明，父代的受教育水平和政治身份对家庭迁移有明显推动作用（赵安琪和吕康银，2022），夫妻或家庭的人力资本能够显著地促进家庭化流动（勾萍，2018；孙林和田明，2020）。土地禀赋是影响家庭成员迁移的重要因素（石志雷和杨云彦，2012），老家有承包地的流动人口更倾向于选择独自流入流入地（孙林和田明，2020），也有学者指出劳动土地与家庭迁移决策呈"U"型关系（龙志和和陈芳妹，2007）。

三是制度和社会因素对流动人口家庭迁移的影响。已有研究表明，户籍制度、居住证制度、社会公共服务和流入地的经济水平等因素都与流动人口的家庭化迁移决策密切相关。我国的户籍制度对专业技能水平低、流动时间较短的新生代外来务工人员家庭的完整迁移产生了一定的抑制作用，而这种负面效应在跨省流动中更加明显（刘欢和席鹏辉，2019），流动人口的子女随迁同样受到落户政策的限制，打破户籍歧视能够促进流动人口家庭的完整性迁移（宋锦和李实，2014；檀学文，2014）。而一些学者认为农业户籍的流动人口比非农业户籍的流动人口更倾向于选择家庭迁移，同时经济条件越好的城市对流动人口举家迁移的吸引力越强（杨菊华和陈传波，2013；崇维祥和杨书胜，2015）。工作城市的居住证制度对外来务工人员的家庭迁移产生了显著的政策推动效应（王洛忠和崔露心，2022），家庭化迁移的可能性随着城市基本公共服务供给水平的提高先上升后下降（周静和高颖，2021），保障性住房能够促进流动人口的子女迁移到城市生活（李勇辉等，2019）。

总体来看，关于流动人口家庭迁移影响因素的研究主要从个人、家庭、社会和制度因素等方面展开，近年来学者们更加关注流入地的住房条件、居住证制度和基本公共服务等保障性因素对农民工家庭迁移的影响，这也反映出学术界对农民工城市社会保障问题的高度重视。现有的研究成果已经相当丰富，但仍存在以下问题亟待解决：一是鲜有文献单独考察各种因素对安徽省农民工家庭化迁移的影响。有不少学者将东三省、京津冀以及珠三角等地区作为研究区域，但关于我国重要的农民工输出大省——安徽省的单独研究相对缺乏。二是现有文章较少考虑解释变量的内生性问题，而内生性问题的存在将会导致模型的估计结果偏离于真实情况。基于此，本章利用全国流动人口动态监测数据中的安徽省农民工样本，使用 Probit 和 Ⅳ – Probit 模型综合考察多种因素对安徽省农民工家庭化迁移的影响效应。

第二节　数据来源及描述性统计

一、数据来源

本章使用 2017 年全国流动人口动态监测调查数据。该数据包括本章所需农民工的个人基本信息、家庭情况、就业特征和流动特征等相关内容，共计 169989 个样本，极具代表性和权威性。本章根据研究主题对数据进行了筛选和整理，仅保留安徽户籍的农民工样本，年龄限定为 15～59 岁，最终共得到有效数据 11915 个。

二、变量设定与描述性统计

本章的被解释变量为农民工是否家庭化迁移。首先根据调查问卷中"您本人、配偶和子女（包括在本地、老家和其他地方的，但不包括已婚分家的子女）以及与您在本户同住的家庭其他成员共有几口人？"计算出家庭总人数，其次，根据家庭成员基本情况中"现居住地"这一问题的回答（选项为"1. 本地""2. 户籍地""3. 其他"），计算出在本地的家庭人数。最后判断本地家庭人数是否与家庭总人数相等，若二者数值相等，则视为家庭化迁移，赋值为1，若二者数值不相等，则视为非家庭化迁移，赋值为0。由表7-1可知，选择家庭化迁移的农民工所占比例为65.5%，超过农民工家庭总数的一半，可以看出随着城镇化进程的不断推进，安徽省农民工家庭化迁移的趋势日益凸显。

在解释变量的选取上，本章考察了个人特征、家庭特征、工作特征以及流动特征对家庭迁移的影响。个人特征包括性别、年龄、受教育程度、健康水平和婚姻状况。在样本数据中，男性农民工占比相对较大，比例为51.64%；年龄在16~20岁的比例为2.75%，年龄段在21~50岁的中青年农民工占比高达90.50%，51~59岁农民工所占的比例为6.76%；农民工的受教育水平普遍不高，拥有小学及以下和初中学历的农民工占据了样本农民工的绝大部分，比例分别为19.12%、52.39%，高中或中专占比为17.93%，大专及以上占比为10.56%；98.28%的农民工身体状况为健康或基本健康，可以看出样本农民工群体的整体健康水平较好；在婚姻状况方面，89.62%的农民工处于已婚状态。

家庭特征包括家庭月收入和户籍地宅基地的留存情况。农民工的家庭月均收入为8019.92元，在户籍地有宅基地的农民工占比为81.70%。

表 7 - 1　变量定义和描述性统计

	变量名称		定义	平均值	标准差	最小值	最大值
被解释变量	家庭化迁移		家庭化迁移为 1，否为 0	0.6550	0.4754	0	1
解释变量	个人特征	性别	男性为 1，女性为 0	0.5164	0.4998	0	1
		年龄 16～20 岁	年龄处于 16～20 岁为 1，否为 0	0.0275	0.1635	0	1
		21～30 岁	年龄处于 21～30 岁为 1，否为 0	0.3435	0.4749	0	1
		31～40 岁	年龄处于 31～40 岁为 1，否为 0	0.3088	0.4620	0	1
		41～50 岁	年龄处于 41～50 岁为 1，否为 0	0.2527	0.4346	0	1
		51～59 岁	年龄处于 51～59 岁为 1，否为 0	0.0676	0.2510	0	1
		受教育程度 小学及以下	小学以下为 1，否为 0	0.1912	0.3933	0	1
		初中	初中为 1，否为 0	0.5239	0.4994	0	1
		高中或中专	高中或中专为 1，否为 0	0.1793	0.3836	0	1
		大专及以上	大专及以上为 1，否为 0	0.1056	0.3073	0	1

续表

	变量名称	定义	平均值	标准差	最小值	最大值
解释变量	个人特征 健康水平	健康或基本健康为1，否为0	0.9828	0.1300	0	1
	婚姻状况	已婚为1，否为0	0.8962	0.3050	0	1
	家庭特征 家庭收入	家庭月收入（元/月）	8019.92	5630.02	-16000	200000
	户籍地宅基地	户籍地有宅基地为1，否为0	0.8170	0.3867	0	1
	工作特征 就业单位性质 个体工商户	所在单位为个体工商户为1，否为0	0.3125	0.4635	0	1
	机关、事业单位/国有企业/集体企业	所在单位为机关、事业单位/国有企业/集体企业为1，否为0	0.0473	0.2123	0	1
	股份联营企业/私营企业	所在单位为股份联营企业/私营企业为1，否为0	0.3063	0.4610	0	1
	港澳台独资/外商/中外合资企业	所在单位为港澳台独资/外商/中外合资企业为1，否为0	0.0325	0.1774	0	1
	社团/民办组织/其他/无单位	所在单位为社团/民办组织/其他/无单位为1，否为0	0.3014	0.4589	0	1

	变量名称	定义	平均值	标准差	最小值	最大值
解释变量 工作特征 职业类型	国家机关、企事业单位负责人/专业技术公务员和有关人员	职业类型为国家机关、企事业单位负责人/专业技术公务员和有关人员为 1，否为 0	0.0673	0.2506	0	1
	商业、服务业人员	职业类型为商业、服务业人员为 1，否为 0	0.5109	0.4999	0	1
	农/林/牧/渔业水利生产人员	职业类型为农/林/牧/渔业水利生产人员为 1，否为 0	0.0090	0.0943	0	1
	生产/运输设备操作相关人员	职业类型为生产/运输设备操作相关人员为 1，否为 0	0.2338	0.4233	0	1
	无固定职业/其他人员	无固定职业/其他人员为 1，否为 0	0.1790	0.3834	0	1
	工作强度	过度的工作强度（T＞56）＝1，其他为 0	0.4188	0.4834	0	1
	就业身份	就业身份为有固定雇主的雇员为 1，其他为 0	0.7853	0.4106	0	1
	劳动合同	签订劳动合同为 1，否为 0	0.3126	0.4636	0	1

续表

	变量名称	定义	平均值	标准差	最小值	最大值
解释变量	本次流动范围 / 流动特征 · 市内跨县	县外市内流动为 1，否为 0	0.1717	0.3771	0	1
	省内跨市	市外省内流动为 1，否为 0	0.1556	0.3625	0	1
	跨省流动	跨省流动为 1，否为 0	0.6727	0.4692	0	1
	社会保障	在流入地享有社会保障为 1，否为 0	0.1825	0.3863	0	1
	居住证	办理居住证为 1，否为 0	0.6890	0.4629	0	1
观测值		11915				

工作特征包括就业单位性质、职业类型、工作强度、就业身份和劳动合同。其中，有 31.25% 的农民工是个体工商户，在股份、联营企业和私营企业就业的农民工占 30.63%，在其他单位就业的农民工数量较少；在职业类型方面，51.09% 的农民工为商业、服务业人员，生产、运输设备操作相关人员所占比例为 23.38%，从事其他职业类型的农民工所占比重相对较小；在工作强度方面，41.88% 的农民工有着过高的工作强度（周工作小时数大于 56 小时）；有固定雇主的雇员比例为 78.53%；签订劳动合同的比率仅为 31.26%。

流动特征包括农民工的流动范围、社会保障和居住证持有情况。有 67.27% 的农民工选择跨省流动，这也符合安徽省为我国农民工重要输出省份的基本现状；在社会保障方面，本章将农民工是否参与本地城镇职工医疗保险作为打工地区社会保障的代理变量，享有社会保障的农民工所占比例仅为 18.25%，农民工在打工地获得的社会保障水平偏低；在本地办理了居住证的比例为 68.90%。

第三节　理论基础与模型设定

一、理论基础

推拉理论（push and pull theory）由美国人口学家唐纳德·博格（D. J. Bogue）于 1958 年首次提出，该理论是分析农村劳动力转移的常用理论工具。博格认为人口迁移是出于提高生活水平的目的，拉力（pull force）由流入地有利于生活质量提高的因素构成，推力（push force）是指流入地的不利条件，人口流动是拉力与推力这两股力量联合作用的结果。20世纪后半叶，美国学者李（Lee，1966）提出了系统的"推拉理论"。李指出，流入地和迁出地实际上都存在拉力和推力，农村的推力和城市的拉力促使人口向城市流动，比如，农村有限的生活条件，城市中更多的就业机会、优质的教育资源和医疗资源以及相对健全的基本公共服务等。在部分发展中国家，城市和农村发展不平衡，基础设施和社会保障差距较大，为了突破这种经济发展的束缚，家庭成员就产生了向外迁移的意愿。反之，农村的拉力和城市的推力则是阻碍人口迁移的不利因素。

除了拉力和推力之外，物质障碍、语言文化差异等因素也会对人口迁移产生影响，并且劳动者的受教育程度、技能水平以及对流入地和迁出地信息的了解程度等也都会影响他们的迁移决策。按照推拉理论，流入地和迁出地的拉力、推力以及障碍因素是影响农民工家庭化流动的主要原因，只有迁移的阻力小于迁移的动力时，迁移行为才会发生。鉴于此，本章提出以下研究假设。

假设7-1：受教育水平越高的农民工越倾向于带动家庭成员举家迁移。

假设7-2：流入地的社会保障对农民工的家庭化迁移具有正向作用。

假设 7 - 3：居住证对农民工的举家迁移有着正向的推动效应。

二、模型设定

1. 二值选择模型

本研究中农民工是否为家庭化迁移为二分类的因变量，因此本章为考察各因素对安徽省农民工家庭化迁移的影响，建立如下二元 Probit 模型：

$$Pmigration_i = \alpha_0 + \alpha_1 PC_i + \alpha_2 FC_i + \alpha_3 JC_i + \alpha_4 MC_i + \varepsilon_i$$

$$(7-1)$$

式（7-1）中，因变量 $Pmigration_i$ 是表示农民工是否为家庭化迁移的二元变量，i 为样本农民工编号，PC_i 表示个人特征变量，包括性别、年龄、受教育程度、健康水平和婚姻状况；FC_i 表示家庭特征变量，包括家庭收入、户籍地宅基地；JC_i 表示工作因素变量，包括就业单位性质、职业类型、工作强度、就业身份和劳动合同；MC_i 为流动特征变量，包括本次流动范围、社会保障和居住证；ε_i 为随机扰动项。

农民工在流入地参加社会保障，能够提升个人的福利水平待遇，增强其社会融入感，促进其举家迁移。而举家迁移到城镇的农民工群体，也更有可能享有流入地的社会保障。由此，社会保障参与和农民工家庭迁移之间可能互相影响，仅通过 Probit 模型则无法解决内生性问题，因此使用工具变量法中的 IV – Probit 模型进一步检验社会保障对农民工家庭迁移的影响效应，以期解决内生性问题。

2. 倾向得分匹配（PSM）模型

Probit 线性概率模型虽能估计出个人特征、家庭特征和工作特征等因素对农民工家庭迁移的影响效应，但不能有效解决样本自选择带来的估计偏误问题，使用式（7 – 1）所得的回归结果可能存在较大偏差。鉴于此，本章同样使用倾向得分匹配的方法对农民工家庭化迁移的影响因素进行估计，通过匹配再抽样的方法使得观测值更加接近随机实验数据，以有效减小样本的选择性偏差。近邻匹配法的平均处理效应（average effect of the treatment on the treated，ATT）估计量的一般表达式如下：

$$ATT = \frac{1}{n_1} \sum\nolimits_{i:D_i=1} (y_i - \hat{y}_i) \qquad (7-2)$$

式中，n_1 为个体数量；$\sum\nolimits_{i:D_i=1} (y_i - \hat{y}_i)$ 为处理组个体的总和。半径匹配方法对倾向得分距离的绝对值加以限制，如下所示：

$$|P_i - P_j| \leqslant \delta \qquad (7-3)$$

式中，δ 为限制距离，通常要求不大于倾向得分样本标准误的 1/4。

核匹配法的权重表达式如下：

$$w(i,j) = \frac{K[(x_j - x_i)/h]}{\sum\nolimits_{k:D_k=0} K[(x_i - x_k)/h]} \qquad (7-4)$$

式中，h 为指定带宽；$K[(x_j - x_i)/h]$ 为核函数。

第四节 实证结果

一、基准模型回归结果

本章采取逐步加入自变量的方法，在式（7－1）的基础上依次加入家庭特征、工作特征和流动特征，综合考察各种因素对安徽省农民工家庭化迁移的影响。由表7－2中模型7－4的回归结果可知，在个人特征方面，有更多的男性农民工选择家庭化迁移，受传统的"男主外、女主内"的家庭分工和社会性别观念的影响，选择家庭迁移的男性的概率要高于女性。相比于16～20岁的农民工群体，年龄越大的农民工选择家庭迁移的可能性越低，其中41～50岁年龄段、51～59岁年龄段对农民工家庭迁移的影响系数分别为－0.7016和－0.4008，且均在1%的水平上显著。受教育水平会显著影响农民工的家庭化迁移，将小学及以下的学历水平作为参照，高中或中专的估计系数值为0.0786，大专及以上的系数值为0.1491，且分别在10%和5%的水平上显著，假设7－1得以验证。健康水平对农民工家庭化迁移的影响并不显著，可能是因为所调查的农民工整体健康水平较好，是否健康不会对家庭化迁移产生明显作用。已婚农民工家庭迁移的可能性显著低于未婚个体。

表 7 - 2　安徽省农民工家庭化迁移影响因素的 Probit 回归结果

变量名称		模型 7 - 1	模型 7 - 2	模型 7 - 3	模型 7 - 4
		回归系数	回归系数	回归系数	回归系数
个人特征	性别	- 0.0615** (0.0251)	- 0.0455* (0.0253)	0.0587** (0.0267)	0.0555** (0.027)
	年龄 (对照组：16 ~ 20 岁)　21 ~ 30 岁	- 0.3131*** (0.1197)	- 0.3074** (0.1199)	- 0.2683** (0.1206)	- 0.3179*** (0.121)
	31 ~ 40 岁	- 0.4698*** (0.1214)	- 0.4621*** (0.1215)	- 0.4359*** (0.1224)	- 0.5226*** (0.123)
	41 ~ 50 岁	- 0.6745*** (0.1226)	- 0.6645*** (0.1228)	- 0.6493*** (0.1237)	- 0.7016*** (0.124)
	51 ~ 59 岁	- 0.4185*** (0.1291)	- 0.4130*** (0.1293)	- 0.4261*** (0.1301)	- 0.4008*** (0.1310)
	受教育程度 (对照组：小学及以下)　初中	0.1024*** (0.0347)	0.1051*** (0.0349)	0.0869** (0.0354)	0.0243 (0.036)
	高中或中专	0.2667*** (0.0447)	0.2729*** (0.0455)	0.2072*** (0.0464)	0.0786* (0.047)
	大专及以上	0.4548*** (0.0556)	0.4815*** (0.0580)	0.3475*** (0.0607)	0.1491** (0.062)
	健康水平	- 0.0941 (0.0918)	- 0.0723 (0.0924)	0.0339 (0.0937)	0.0807 (0.095)
	婚姻状况	- 0.8172*** (0.0592)	- 0.8057*** (0.0597)	- 0.8788*** (0.0604)	- 1.0152*** (0.060)

续表

变量名称		模型 7-1	模型 7-2	模型 7-3	模型 7-4
		回归系数	回归系数	回归系数	回归系数
家庭特征	家庭收入		-0.0073 (0.0246)	0.0310 (0.0252)	0.0662** (0.026)
	户籍地宅基地		-0.1698*** (0.0328)	-0.1337*** (0.0332)	-0.1464*** (0.034)
工作特征	就业单位性质（对照组：个体工商户） 机关、事业单位/国有企业/集体企业			0.1414** (0.0704)	0.0334 (0.072)
	股份/联营企业/私营企业			0.0111 (0.0406)	-0.0394 (0.042)
	港澳台独资/外商/中外合资			-0.2112** (0.0821)	-0.1878** (0.083)
	社团/民办组织/其他/无单位			0.0749* (0.0400)	0.0436 (0.041)
	职业类型（对照组：国家机关、企事业单位负责人/专业技术公务员和有关人员） 商业、服务业人员			0.0951 (0.0581)	0.1105* (0.059)
	农/林/牧/渔业水利生产人员			-0.0539 (0.1372)	0.0827 (0.138)
	生产/运输设备操作相关人员			-0.2416*** (0.0590)	-0.1704*** (0.060)
	无固定职业/其他人员			0.1588** (0.0758)	0.2008*** (0.077)

变量名称		模型 7 - 1	模型 7 - 2	模型 7 - 3	模型 7 - 4
		回归系数	回归系数	回归系数	回归系数
工作特征	工作强度			-0.1604^{***} (0.0278)	-0.1599^{***} (0.028)
	就业身份			-0.1102^{**} (0.0498)	-0.0844^{*} (0.051)
	劳动合同			-0.1193^{***} (0.0390)	-0.0883^{**} (0.040)
流动特征	本次流动范围（对照组：市内跨县） 省内跨市					-0.1907^{***} (0.048)
	本次流动范围（对照组：市内跨县） 跨省流动					-0.8135^{***} (0.041)
	社会保障				0.1090^{***} (0.041)
	居住证				0.2576^{***} (0.031)
常数项		1.5993^{***} (0.1458)	1.7691^{***} (0.2500)	1.4396^{***} (0.2676)	1.6137^{***} (0.272)
观测值		11915	11915	11915	11915

注：*、**、***分别表示在10%、5%和1%的统计水平上显著。括号内为标准误。

在家庭特征方面，家庭收入的提高会显著推动农民工的家庭化迁移，这与王文刚（2017）的研究结论相一致。举家迁移的出发点是为了获得最大化的家庭效益，农民工的城市生活条件会随着收入的提高而有所改善，所以会促使更多的家庭人口选择随迁到城市；有户籍地宅基地会抑制农民工的家庭迁移，估计系数为 -0.1464。由于目前我国尚未形成健全的宅基地有偿转让制度，并且现阶段大多数农民工选择在城市租房居住，空闲宅基地资源的浪费以及城市生活成本的提高会进一步限制农民工的举家迁移。

在工作特征方面，相比于就业单位性质为个体工商户的农民工，在外商合资企业工作对农民工家庭迁移的影响系数为 -0.1878，在其他性质的单位就业不会对农民工家庭迁移产生显著影响。就职业类型而言，作为商业、服务业人员以及无固定职业和其他人员的农民工的家庭迁移概率明显高于作为国家机关、企事业单位工作人员的农民工，这与崇维祥（2015）和张保仓（2020）等学者的研究结论相一致。生产、运输设备操作相关人员举家迁移的倾向较低，从事该行业的工作强度和安全风险相对较高，而工作强度对农民工家庭迁移的影响又显著为负，这说明较高的工作强度减少了工人对家庭的时间投入，不利于家庭照料和整个家庭的城市迁移。农民工无固定雇主以及未签订劳动合同均对举家迁移有着正向影响，这同样可以用工作的弹性和灵活性来解释。

在流动特征方面，相比于市内跨县流动，省内跨市和跨省流动的估计系数分别为 -0.1907、-0.8135，这说明流动距离是影响农民工家庭迁移决策的重要因素之一，流动距离越近的农民工越倾向于选择家庭迁移。在流入地享有社会保障会促进农民工的家庭化迁移，回归系数值为0.1090，且在1%的水平上显著，流入地的社会保障对农民工的家庭化迁移具有正向影响，假设7-2得以验证。拥有本地居住证对家庭迁移的影响系数为0.2576，且在1%的水平上显著，居住证制度对外来务工人员的家庭迁移具有政策推动效应，假设7-3得以验证。居住证制度的实施有利于降低户籍差异所带来的福利排斥，减少农民工在子女教育、城市住房等方面面临的制度障碍，将城市公共服务的覆盖范围由城市户籍人口扩大到持有居住证的流动人口及其家庭，进而促进了农民工家庭迁移行为的发生。

二、内生性处理——工具变量法

农民工参与医疗保险能够显著提高其社会融入感（岳宗朴和刘彩，2022），进而促进他们的举家迁移，而举家迁移到城镇的农民工群体，也更有可能参加流入地的城镇职工医疗保险。因此，流入地的社会保障因素（城镇职工医疗保险的代理变量）和农民工的家庭迁移之间可能互为因果。由于社会保障与家庭化迁移的交互影响以及模型设定可能遗漏相关变量，由此带来的内生性问题仅依靠普通的Probit回归来处理会带来估计结果上的偏差，故本章使用工具变量法，将样本点受访农民工所在社区层面的平均参保率作为社会保障的工具变量。选取自变量在样本点受访农民工所在社区层面的平均参保率作为自变量的工具变量，一方面与解释变量（社会保障）高度相关，另一方面满足严格的外生性，当其他条件不变时，工具变量难以对农民工的家庭化迁移产生直接决定性的影响。

Ⅳ – Probit 的回归结果如表 7 – 3 所示，内生变量社会保障的估计系数值为 0.1866，明显高于基准回归的估计值，且在 5% 的统计水平上显著，说明在未考虑内生性问题的情形下，普通的 Probit 回归低估了社会保障对农民工家庭迁移的促进作用。流入地的社会保障对农民工家庭迁移具有明显的推动效果，主要有以下几方面原因：一是非永久性迁移特征使得大多数农民工城市生活边缘化严重，在流入地享有社会保障，可以提高农民工在异地抵抗风险的能力；二是社会保障降低了农民工在打工地的生活成本；三是流入地的社会保障增强了外地农民工的社会融合度和心理认同感，家庭化迁移的可能性就会显著提高。

表 7 – 3 农民工家庭化迁移影响因素的 Ⅳ – Probit 回归结果

变量名称		模型 7 – 5		模型 7 – 6	
		回归系数	标准误	回归系数	标准误
个人特征	性别	– 0.0543 **	（0.0257）	0.0551 **	（0.0272）
	年龄（对照组：16 ~ 20 岁）21 ~ 30 岁	– 0.3504 ***	（0.1208）	– 0.3221 ***	（0.1210）
	31 ~ 40 岁	– 0.5455 ***	（0.1225）	– 0.5299 ***	（0.1230）
	41 ~ 50 岁	– 0.7200 ***	（0.1237）	– 0.7081 ***	（0.1242）
	51 ~ 59 岁	– 0.3936 ***	（0.1301）	– 0.4042 ***	（0.1306）

变量名称			模型 7 – 5		模型 7 – 6	
			回归系数	标准误	回归系数	标准误
个人特征	受教育程度（对照组：小学及以下）	初中	0.0433	(0.0355)	0.0226	(0.0361)
		高中或中专	0.1429***	(0.0466)	0.0731	(0.0477)
		大专及以上	0.2558***	(0.0618)	0.1334**	(0.0638)
	健康水平		– 0.0235	(0.0936)	0.0832	(0.0954)
	婚姻状况		– 0.9546***	(0.0593)	– 1.0172***	(0.0605)
家庭特征	家庭收入				0.0628**	(0.0259)
	户籍地宅基地				– 0.1452***	(0.0338)
工作特征	就业单位性质（对照组：个体工商户）	机关、事业单位/国有企业/集体企业			0.0118	(0.0744)
		股份/联营企业/私营企业			– 0.0464	(0.0420)
		港澳台独资/外商/中外合资			– 0.2176**	(0.0874)
		社团/民办组织/其他/无单位			0.0436	(0.0406)
	职业类型（对照组：国家机关、企事业单位负责人/专业技术公务员和有关人员）	商业、服务业人员			0.1193**	(0.0598)
		农/林/牧/渔业水利生产人员			0.0882	(0.1382)
		生产/运输设备操作相关人员			– 0.1626***	(0.0608)
		无固定职业/其他人员			0.2039***	(0.0771)

续表

变量名称		模型 7 – 5		模型 7 – 6	
		回归系数	标准误	回归系数	标准误
工作特征	工作强度			– 0.1567 ***	(0.0284)
	就业身份			– 0.0908 *	(0.0510)
	劳动合同			– 0.1105 **	(0.0443)
流动特征	本次流动范围（对照组：市内跨县） 省内跨市	– 0.1958 ***	(0.0473)	– 0.1914 ***	(0.0477)
	跨省流动	– 0.8444 ***	(0.0407)	– 0.8150 ***	(0.0412)
	社会保障	0.0073	(0.0550)	0.1866 **	(0.0800)
	居住证	0.2463 ***	(0.0310)	0.2543 ***	(0.0315)
常数项		2.0921 ***	(0.1542)	1.6501 ***	(0.2736)
观测值		11915	11915	11915	11915

注：＊、＊＊、＊＊＊分别表示在 10%、5% 和 1% 的统计水平上显著。

在个人特征方面，性别变量的回归系数为 0.0551，这说明男性农民工更倾向于选择家庭化迁移。相比于 16 ~ 20 岁的农民工，21 ~ 50 岁的农民工家庭迁移的可能性随年龄的增长而不断下降，直至年龄增长到 51 岁以上时又有所提高。但从总体上看，随着年龄的增长农民工选择家庭化迁移的可能性有所降低。由于家庭具有一定的生命周期，在子女完成学业或结婚嫁娶之后，农民工家庭的支出压力相对减小，较为年长的农民工在劳动力市场上也不再具有竞争优势，部分农民工会选择回到家乡，而隔代照料的需求又可能促使年龄较大的农民工跟随子女返回城镇。受教育程度对农民工家庭流动的作用效果显著为正，受教育程度越高对农民工家庭化迁移的推动作用越大。这主要是因为，接受过良好的教育、综合素质较高的劳动力一般会选择最先迁移，农民工个人的受教育程度越高，越容易获得更好的就业机会和更高的工资收入，带动家庭成员迁移的能力也就越强。已婚农民工家庭迁移的可能性明显低于未婚的农民工，这说明家庭化迁移是在考虑到婚后家庭分工以及家庭效益最大化后所做出的理性选择，而非基于个人效用最大化。

在家庭特征方面，家庭收入的回归系数值为 0.0628，说明高收入的家庭更可能举家迁移到城市；户籍地宅基地的系数估计值为 -0.1452，略低于 Probit 的回归结果，且在 1% 的统计水平上显著。

在工作特征方面，与国家机关、企事业单位工作的人员相比，从事商业、服务业以及无固定职业的农民工更倾向于选择家庭化迁移，而生产、运输设备操作相关人员家庭迁移的可能性则相对较小。相对于其他行业，服务行业工作富有弹性，农民工更容易把时间分配到个人及家庭生活中，无固定职业的非正规就业农民工在时间的支配上更为自由，所以在一定程度上会促进农民工的家庭化迁移。农民工较高的工作强度不利于其举家迁移，无固定雇主以及未签订劳动合同对农民工的家庭化迁移均有显著的促进作用。

在流动特征方面，流动距离与家庭化迁移高度相关，距离越近，举家迁移的可能性越大。与省内流动相比，跨省迁移提高了家庭的流动成本，增加了社会网络关系的构建难度，所以流动距离越近的农民工越倾向于选择家庭化迁移。居住证的估计系数为0.2543，在1%的统计水平上显著，说明持有流入地的居住证对农民工家庭迁移产生了明显的推动效果。从总体上看，运用工具变量法重新进行估计后，流入地的社会保障依然对农民工的家庭化迁移具有显著的促进作用，并且这种"推动效应"在一定程度上被低估，其余变量的Ⅳ-Probit回归结果与普通Probit的估计结果基本一致，仅在系数大小上略有差别，这说明在解决内生性问题后，各因素对农民工家庭迁移的影响效果不会发生显著变化。

三、流动范围异质性分析

本研究将流动范围划分为跨省流动、省内跨市和市内跨县三种情况，进一步考察各种因素对农民工家庭化迁移的影响的异质性。表7-4的回归结果显示，由于流动范围的不同，各因素对农民工家庭化迁移的影响有着较大差异。对于跨省流动的农民工而言，大专及以上受教育水平的回归系数为0.2395，社会保障的回归系数为0.1821，均在1%的统计水平上显著，而省内跨市和市内跨县的农民工受教育程度和社会保障对家庭迁移的影响不大。也就是说，农民工的流动范围越大，受教育程度和社会保障对家庭迁移的推动作用越明显。在户籍地有宅基地会显著地降低跨省流动农民工家庭迁移的可能性，而对省内跨市和市内跨县流动的农民工的家庭迁移决策没有影响，即流动距离越远，户籍地有宅基地对家庭迁移的抑制作用越大。工作强度的估计系数为 - 0.1829，计量结果在1%的统计水平上显著，工作强度在其他流动范围下的回归系数不具有显著性。这同样说明，较高的工作强度，也就是非弹性工作时间仅限制了跨省流动农民工的家庭迁移，而不对省内跨市和市内跨县农民工的家庭迁移产生影响。此外，居住证在任何流动范围下都对家庭化迁移产生了巨大的推动作用，并且推动效果与流动距离成反比。

表7 - 4　　农民工家庭化迁移影响因素的流动范围异质性

变量名称		模型7 - 7：跨省流动	模型7 - 8：省内跨市	模型7 - 9：市内跨县
		回归系数	回归系数	回归系数
个人特征	性别	0.0295 (0.0321)	0.0893 (0.0756)	0.0576 (0.0743)
	年龄（对照组：16 ~ 20岁）21 ~ 30岁	- 0.3296 ** (0.1350)	- 0.0472 (0.4049)	- 0.2508 (0.3813)
	31 ~ 40岁	- 0.6378 *** (0.1373)	- 0.1986 (0.4102)	- 0.1309 (0.3869)
	41 ~ 50岁	- 0.7269 *** (0.1388)	- 0.4695 (0.4149)	- 0.6597 * (0.3899)
	51 ~ 59岁	- 0.3468 ** (0.1456)	- 0.6128 (0.4354)	- 0.6933 * (0.4182)

续表

变量名称			模型7-7：跨省流动	模型7-8：省内跨市	模型7-9：市内跨县
			回归系数	回归系数	回归系数
个人特征	受教育程度（对照组：小学及以下）	初中	0.0071 (0.0411)	0.0363 (0.1078)	0.0570 (0.1129)
		高中或中专	0.1174** (0.0560)	0.0346 (0.1345)	-0.0691 (0.1346)
		大专及以上	0.2395*** (0.0793)	0.1118 (0.1577)	0.0351 (0.1621)
	健康水平		0.0819 (0.1188)	-0.2330 (0.2457)	0.2271 (0.2214)
	婚姻状况		-1.1493*** (0.0697)	-0.3202* (0.1758)	-0.4453** (0.1817)
家庭特征	家庭收入		0.0576* (0.0298)	-0.0309 (0.0755)	0.1437* (0.0754)
	户籍地宅基地		-0.1643*** (0.0406)	-0.0653 (0.0923)	-0.1130 (0.0844)
工作特征	就业单位性质（对照组：个体工商户）	机关、事业单位/国有企业/集体企业	-0.0180 (0.0891)	0.0194 (0.1755)	0.3465* (0.1897)
		股份/联营企业/私营企业	-0.0308 (0.0504)	-0.0129 (0.1123)	0.0336 (0.1058)
		港澳台独资/外商/中外合资	-0.2178** (0.0936)	-0.3174 (0.2730)	0.3864 (0.3489)
		社团/民办组织/其他/无单位	0.0576 (0.0479)	-0.0945 (0.1126)	0.1710 (0.1127)

217

续表

变量名称			模型 7 - 7：跨省流动	模型 7 - 8：省内跨市	模型 7 - 9：市内跨县
			回归系数	回归系数	回归系数
工作特征	职业类型（对照组：国家机关、企事业单位负责人/专业技术公务员和有关人员）	商业、服务业人员	0.1881** (0.0766)	0.0700 (0.1329)	-0.1689 (0.1452)
		农/林/牧/渔业水利生产人员	0.2206 (0.1527)	-0.1223 (0.2546)	-0.2760 (0.5042)
		生产/运输设备操作相关人员	-0.1769** (0.0765)	-0.0140 (0.1440)	-0.0805 (0.1560)
		无固定职业/其他人员	0.2973*** (0.0955)	0.1958 (0.2009)	-0.3242 (0.2033)
	工作强度		-0.1829*** (0.0332)	-0.0548 (0.0795)	-0.1028 (0.0779)
	就业身份		-0.0037 (0.0591)	-0.3778** (0.1637)	-0.3110** (0.1400)
	劳动合同		-0.1247*** (0.0468)	0.0491 (0.1136)	-0.0375 (0.1090)
流动特征	社会保障		0.1821*** (0.0477)	-0.1406 (0.1201)	-0.1133 (0.1238)
	居住证		0.2330*** (0.0404)	0.2726*** (0.0687)	0.3311*** (0.0781)
常数项			0.9667*** (0.3208)	1.8631** (0.7821)	0.4425 (0.7655)
观测值			8019	1850	2043

注：*、**、*** 分别表示在 10%、5% 和 1% 的统计水平上显著。括号内为标准误。

四、稳健性检验

本章采用倾向得分匹配（PSM）的方法检验了关键解释变量社会保障和居住证对农民工家庭化迁移的影响，以验证模型估计结果的可靠性。为保证倾向得分的匹配质量，本章首先使用 Stata 17.0 软件对方程进行拟合，估计出农民工参与社会保障和持有居住证的决定方程，并根据回归结果，在倾向得分匹配前剔除对社会保障和居住证没有影响的无关变量。本章使用三种匹配方法进行了倾向得分反事实估计，结果如表 7-5 所示，运用三种匹配方法所获得的结果基本一致，并且通过了平衡性检验，说明样本数据具有较好的稳健性。同时，本章选用三种方法所获得的平均处理效应（ATT）的算术平均值来表征影响效应，以便后续的对比分析。估计结果显示，匹配后社会保障的 ATT 均值为 0.0440，社会保障对农民工家庭化迁移影响的净效应为 4.40%，这说明在考虑样本选择性偏差后，在流入地享有社会保障依然会显著地促进农民工的家庭化迁移。匹配后居住证的 ATT 均值为 0.0903，计量结果在 1% 的统计水平上显著，同样说明持有居住证对农民工的家庭化迁移起到了明显的推动作用。

表 7 - 5　　　社会保障和居住证对农民工家庭化迁移

影响的 PSM 估计

解释变量	匹配方法	平均处理效应（ATT）	标准差	T 检验值
社会保障	近邻匹配	0.0459**	0.0194	2.36
	半径匹配	0.0430**	0.0170	2.54
	核匹配	0.0431**	0.0170	2.54
	平均值	0.0440**	—	—
居住证	近邻匹配	0.0941***	0.0142	6.62
	半径匹配	0.0882***	0.0121	7.26
	核匹配	0.0886***	0.0122	7.29
	平均值	0.0903***	—	—

注：*、**、*** 分别表示在 10%、5% 和 1% 的统计水平上显著。

第五节　本章小结

本章基于 2017 年安徽省流动人口动态监测数据，使用 Probit 和 Ⅳ - Probit 回归模型，实证分析了个人特征、家庭特征、工作特征和流动特征等因素对安徽省农民工家庭化迁移的影响。主要结论如下：

第一，教育人力资本对农民工的家庭化迁移有着明显的推动效应。举家迁移的可能性随着受教育程度的提高而有所增加。带来这一结果的原因可能是：一方面，个人受教育程度与理想职业和工资水平、迁移费用的承担能力紧密相关，这部分人群不易被本土传统观念所束缚，更倾向到最适合发挥自己才能的地方去工作，会选择先行迁移。另一方面，个体迁移会影响家庭迁移，先行迁移者的受教育水平越高，越容易获得更好的就业机会和更高的工资收入，进而为其他家庭成员的后续迁移提供优质的社会资源和良好的物质保障。也就是说，流动人口的学历越高，带动家庭成员迁移的能力也就越强。

第二，居住证对农民工的举家迁移产生了正向的推动效应。主要原因在于：一方面，居住证制度的实施淡化了农民工的户籍观念，强化了流动人口的"居民"意识，提高了农民工的城市居留意愿和家庭迁移的可能性。另一方面，居住证与流入地的学校教育、住房和落户等政策挂钩，在提高农民工公共服务的可及性和均等化水平方面发挥了关键作用，同时居住证制度的实施也扩大了农民工的参保覆盖面，增强了农民工异地权益保护，社会保障水平的提高会进一步促进农民工的家庭化迁移。

第三，户籍地有宅基地会显著降低农民工家庭迁移的可能性。一方面，由于目前我国未形成健全的宅基地有偿转让制度，而且现阶段大多数农民工选择在城市租房居住，空闲宅基地资源的浪费以及城市生活成本的提高会进一步限制农民工的举家迁移。另一方面，受城市高房价和传统观念"居者有其屋"的影响，大量农民工的迁移行为表现出明显的"候鸟式"特征，户籍地和宅基地作为农民工的基本生活保障，会吸引外迁农民工回流，降低其在城市的永久居留意愿，不利于农民工的家庭化迁移。

第四，农民工的家庭化迁移在一定程度上受到较高工作强度和非弹性工作的限制。产生这一结果的原因可能是，一方面，高强度劳动者和非弹性工作者所面临的工作时间约束，减少了其与家人的沟通陪伴，不利于对整个家庭的照料和家庭关系的维系，进而负向地影响了农民工的家庭化迁移。另一方面，随着产业结构的调整升级，第三产业具有进入门槛较低、工作时间自由、薪酬水平较高的明显优势，已经成为吸纳农民工就业的重要渠道。相对于其他行业而言，服务行业工作富有弹性，农民工更容易把时间分配到个人及家庭生活中，无固定职业的灵活就业农民工在时间的支配上更为自由，家庭迁移的可能性也就更大。

第五，流动范围越小的农民工越倾向于选择家庭化迁移。与近距离流动相比，远距离流动会提高农民工的迁移成本和社会网络的构建难度。一方面，迁移成本受到迁移距离的影响。通常情况下，流动距离越远，其面临的货币成本、心理成本和机会成本越高。另一方面，家庭的社会网络关系可以被视为重要的社会资本，对流动人口的家庭迁移具有一定的推动和引导作用。比如，在流入地的社会网络关系能够为迁移者提供更多的工作、居住和教育等方面的信息和支持，这些社会资本也有助于流入地族裔经济区的建立，提高流动人口的社会融合度。

第六，在流入地享受社会保障的农民工更愿意选择家庭化流动。受到城乡二元经济体制和劳动力市场分割的限制，大部分农民工难以同城镇职工一样享有社会保障，社会保障不到位提高了农民工的就业风险和生活成本，降低了本就处于弱势地位的农民工群体的城市归属感，不利于农民工的家庭化流动。在流入地享有社会保障，一方面可以减少社会不稳定因素对农民工在城市生活和就业的冲击，在面临失业、疾病等突发状况时，社会保障在一定程度上能够起到关键的缓冲作用，能够有效降低农民工在流入地的居留成本。另一方面，流入地的社会保障提高了外地农民工的社会融合度和心理认同感，会吸引更多的家庭成员向城市迁移。

第八章 结论与建议

第一节 结 论

一、安徽省农民工家庭化迁移趋势明显

伴随城市经济的快速发展，丰富的就业机会和较高的工资待遇吸引着大批农民工迁移到城市，但早期严格的户籍制度和二元经济体制导致城乡壁垒森严，社会阶层固化，农民工徘徊于城市社会边缘，农村家庭中劳动能力较强的成员先行来到城市，流动方式以独自迁移为主，留守家庭问题日益凸显。后来为了满足社会主义经济建设的需要，政府的户籍制度改革逐渐削弱了户籍限制，农民工享受的城市保障水平也显著提升，更多的农民工选择举家迁移到城市。根据安徽省流动人口动态监测数据，农民工群体中完整式家

庭流动占比为 65.5%，呈现出明显的家庭化迁移趋势。在关于安徽省农民工家庭的调查数据中，与家人同住的比例高达 66.6%，说明安徽省农民工已经进入以家庭化流动为主的阶段。

二、居住证制度对农民工家庭化迁移具有政策推动效应

居住证是影响农民工家庭迁移决策的重要因素，持有流入地居住证的农民工更倾向于选择举家迁移。居住证制度的实施是户籍制度改革过程的关键一环，居住证制度实施后，农民工的户籍观念得到一定程度的淡化，有效降低了农民工城市生活的疏离感，农民工的"居民"意识和城市获得感明显增强。居住证与流入地的学校教育、住房、就业以及公共服务等社会政策挂钩，居住证制度减少了随迁子女受教育过程中的制度壁垒，农民工家庭也可以在异地享受城市的生育、健康和保障性住房等服务，居住证制度提高了农民工家庭的社会融合度，极大地推动了农民工的家庭化迁移。

三、流入地的社会保障能够显著促进农民工的家庭化迁移

受城乡二元经济体制的限制，社会保障也存在二元分割

的情况。农民工身在城市，根在农村，由于没有城镇户口，难以享受到与城市居民同等的社会保障服务，社会保障不到位提高了农民工的就业风险和生活成本，阻碍了农村剩余劳动力向城市流动。实证研究结果说明，在流入地享有社会保障的农民工家庭迁移的可能性较大。一方面，社会保障降低了不稳定因素对农民工城市生活的冲击，例如，在面临突发疾病时，社会保险能够充分发挥保障作用，在一定程度上减轻农民工的医疗负担和经济成本。另一方面，流入地的社会保障解决了农民工的后顾之忧，增强了农村外来务工人员的城市融入感和安全感，为农民工的家庭化迁移奠定了重要基础。

四、教育人力资本对农民工家庭化迁移有着正向推动作用

受教育水平作为农民工重要的个体特征，对农民工的举家迁移具有显著影响。其中，大专及以上学历农民工的家庭迁移行为最为明显。对于先后迁移的农民工家庭而言，劳动者的受教育程度与其工作类型、薪资待遇和城市适应能力密切相关，接受过良好教育以及综合素质较高的劳动力一般选择最先迁移。个体迁移会影响家庭迁移，高学历的先行者在获得较高收入的同时，也为其他家庭成员向城市迁移奠定了良好的物质和社会关系基础，受教育程度越高的农民工带动家庭成员迁移的能力越强。对于同步迁移的农民

工家庭而言，劳动者是否迁移取决于迁移的预期收益和预期成本之间的差额，家庭迁移是在考虑家庭效益最大化后做出的理性抉择，拥有丰富教育人力资本的农民工家庭预期收益相对较高，其家庭迁移的可能性也就越大。

五、住房可负担性影响农民工城镇落户

流入地的住房条件是农民工城市生活的重要保障，更是影响农民工永久性迁移的关键要素，住房可负担性对农民工的居留意愿及后续的落户行为有着显著影响，提高住房可负担性能够促进农民工落户城市。居住成本是影响农民工家庭化迁移的主要因素之一，住房可负担性不仅反映了当地居民对于住房的可支付能力，而且能够从侧面反映出该城市购房或租房价格是否位于合理区间。相对于城镇居民，农民工群体的收入水平偏低，其城市的永久生活能力和住房消费能力受到收入水平的制约，过高的房价或房租阻碍了农民工在城市的长期性居留。住房可负担性的提高意味着家庭住房购买力的提升，在一定程度上降低了农民工的城市居住成本，有效地推动了更多农民工落户城市。

六、提高医疗资源可获得性有利于农民工城镇落户

流入地和迁出地之间公共服务水平的差距也是影响人口

迁移的重要因素，农民工落户城镇的可能性与流入地医疗资源可获得性正相关，城市医疗资源是流入地公共服务水平的重要体现，公共服务水平较高的城市对农民工城镇落户更具有吸引力。除此之外，大批农民工从事高强度和高风险工作，其同时也面临着较高的健康风险，但现阶段大部分农民工缺乏相应的城市医疗保障，难以享受与城镇职工同等的医疗待遇，医疗费用成为很多农民工家庭城市生活的主要负担之一。医疗资源可获得性的提高意味着医疗服务供给的增加，农民工的城市生活得到了更高层次的保障，有利于提高其落户城镇的意愿。

七、人力资本积累对农民工获取居住证和进城落户的推动作用显著

农民工受教育程度越高、健康状况越好以及专业技术能力越强，越容易获取城镇居住证和进城落户。在农民工受教育水平偏低、专业劳动技能欠缺的情况下，文化水平和职业能力的提高有利于增加其就业市场竞争力，促使农民工从劳动型就业向技术型就业转变，健康作为农民工自身素质的重要体现，在拓宽劳动力职业选择和提高工资收入等方面作用显著，人力资本积累为农民工举家落户城市创造了必要的物质条件，提高了全家进城落户的可能性。教育人力资本显著提高了农民工城镇落户的可能性，这在一定程度上归因于部分城市的落户政策和学历水平相挂钩。例如，诸

多大城市为了吸引高学历的优秀人才而对其实施较为宽松的落户政策，较高学历水平的农民工在实施积分落户政策的城市中占有绝对优势。

八、农民工的家庭化迁移受到较高工作强度和非弹性工作的限制

农民工在实现家庭化迁移的同时，也意味着要将更多的时间成本用于随迁子女或其他家庭成员的日常照料。农民工从事高强度以及非弹性工作不利于其家庭化迁移，主要是因为高强度劳动者和非弹性工作者面临着工作时间束缚，减少了与家人的沟通和陪伴，难以抽出充足的时间进行家庭照料和家庭关系维系，从而负向地影响了农民工的家庭化迁移。随着产业结构的调整升级，第三产业以进入门槛较低、工作时间自由、薪酬水平较高的明显优势，已经成为吸纳农民工就业的重要渠道。相对于其他行业而言，服务行业工作富有弹性，农民工更容易把时间分配到个人及家庭生活中，无固定职业的灵活就业农民工在时间支配上更为自由，家庭化迁移的可能性也就更大。

九、迁移距离是影响农民工家庭化迁移的关键要素

与近距离的省内流动相比，远距离的跨省流动提高了家

庭的迁移成本，增加了社会网络关系的构建难度，所以流动距离越近的农民工越倾向于选择家庭化迁移。一方面，迁移成本受迁移距离的影响。通常情况下，流动距离越远，其面临的货币成本、心理成本和机会成本越高，实现家庭化迁移的难度也就越大。另一方面，家庭的社会网络关系可以被视为重要的社会资本，对流动人口的家庭化迁移具有一定的推动和引导作用。比如，在流入地的社会网络关系能够为迁移者提供更多的工作、居住和教育等方面的信息和支持，这些社会资本也有助于流入地族裔经济区的建立，提高流动人口的社会融合度。而远距离迁移的农民工远离了以血缘和地缘为主的社会关系网络，需要利用自身的工作关系资源、信息交流等方式在城市重新建立一种以业缘为主的人际关系网络。

十、农村权益显著影响农民工城镇落户和家庭化迁移

土地资源和宅基地资源等农村权益的流转与退出情况显著影响了农民工的城镇落户和家庭迁移。土地流转对农民工落户具有明显的推动作用，土地是将农民工与乡村紧密相连的重要纽带，转出土地将弱化农民工家庭与农村社区的联系，提高其在城市就业、生活的稳定性。同时，转出土地带来的财产性收入为农民工举家落户城市积累了物质资本，从而对农民工家庭化迁移起到正向促进作用。户籍地有

宅基地不利于农民工的家庭化迁移。由于目前我国尚未形成健全的宅基地有偿转让制度，而且现阶段大多数农民工选择在城市租房居住，空闲宅基地资源的浪费以及城市生活成本的提高会进一步限制农民工的举家迁移。受城市高房价和传统观念"居者有其屋"的影响，大量农民工的迁移行为表现出明显的"候鸟式"特征，户籍地宅基地作为农民工的基本生活保障，会吸引外迁农民工回流，降低其在城市的永久居留意愿，不利于农民工的家庭化迁移。

第二节 建 议

一、完善以居住证为载体的农民工家庭福利体系建设

增加农民工的福利支出，使农民工享有平等的福利待遇，对推进农民工的家庭化迁移意义重大。居住证制度对农民工福利的改善和市民化水平的提升有着显著的正向效应，但城市中的义务教育、中高考等关键服务领域存在较多的限制和约束条件，与此相关的制度也未能体现农民工家庭的整体福利水平，居住证的"含金量"有待提高。针对这些问题，一方面，政府在制定居住证制度的过程中应该将农民工的家庭需求考虑在内，使居住证与农民工的家庭福利

相挂钩。另一方面，要遵循便民原则，提高居住证的可执行性。政府应降低或取消居住证的申领门槛，使之成为能够让农民工享受公共服务的普惠型制度。同时要通过报刊、电视、网络等途径加强宣传，提高农民工群体对居住证制度的知晓度。

二、提高农民工家庭的社会融合度

农民工在家庭化迁移过程中，社会关系网络也实现了由以农村亲缘、地缘关系为桥梁的生活圈向城市中陌生生活圈的转变，城市中狭小的交流范围加大了农民工城市社会关系网的建设难度。针对农民工的社会关系融合问题，政府要积极搭建有效的线上线下社会参与平台，扩大农民工的社交范围，激发农民工的社会参与热情，增强其城市认同感。同时，农村与城市在生活观念、饮食习惯以及地域文化等方面的差异，使得农民工在融入社会的过程中难免会出现情绪和心理上的巨大落差。这需要充分发挥政府和社区的文化传播与知识宣传功能，在尊重民族和地域文化差异的基础上，通过电视、微信公众号、短视频平台等宣传当地优秀文化和现代化的生活方式，提高农民工家庭的社会融合度。

三、提升农村人口教育文化水平

教育人力资本是影响农民工家庭化迁移的重要因素。相比于城镇，农村地区的教育资源会影响农民工教育人力资本的长期积累，进而导致农村劳动力转移缓慢、家庭迁移内生动力不足等问题。农民工要逐渐摆脱传统务农观念的影响，顺应时代发展潮流，不断加强学习，提升自身综合能力。同时要推进乡镇学校教育信息化建设，增加学校互联网教育设备供给，利用 5G 现代化信息网络的优势，将优质教育资源延伸至边远的乡村地区，促进资源的开放共享。政府还要加快完善农村地区"控辍保学"机制建设，对于子女未随迁的农民工家庭而言，父母教育的缺失无疑增大了农民工子女的辍学风险。这要求政府必须全面落实"控辍保学"相关法律的实施，加大对家庭贫困学生的补贴和学费减免力度，切实保障农民工子女受教育过程的连贯性和完善性，提高农村人口的整体教育水平，推动更多的农村人口迁往城镇。

四、面向农民工开展大规模职业技能培训

在新老农民工代际转换背景下，新生代农民工就业质量的提高既有利于新型城镇化战略顺利推进，也有利于农民工在心理上融入城市社会，在经济上适应城市生活。然而，农民工群体存在文化水平偏低、职业技能与岗位要求不匹配等问题，导致就业质量难以提升、工资收入较低。职业技能培训能够为农民工提供继续学习的机会，有利于知识与技能的补偿和更新。为实现职业技能培训的充足供给，政府

应充分发挥统筹调度和协调引导的功能。一方面，政府应整合现有教育培训资源，构建政府、企业和个人多方参与的培训体系，着重强化各主体间的资源共享与交流互动；另一方面，政府应以市场需求为导向，开发新的培训项目，解决农民工面临的结构性失业问题。同时，通过有效的制度设计调动各相关主体的积极性，鼓励民间资本进入职业技能培训领域，保障职业技能培训向更多农民工覆盖。

五、支持农民工多渠道灵活就业

灵活就业能够增强就业弹性，是农民工家庭化迁移的重要推动力。政府要积极拓宽农民工灵活用工渠道，支持外来务工者创办资金投入少、收益见效快的小型实体经济，鼓励发展各类特色的小店经济，在促进农民工增收的同时提高农民工工作时间的自由度。同时要增强灵活就业农民工职业培训的针对性，职业技能培训补贴向灵活就业人员扩面。此外，政府还要切实保障灵活就业农民工的合法劳动权益，完善制定灵活就业劳动保护政策，畅通灵活就业农民工维权诉讼途径，依法纠正拖欠劳动报酬等违法违规行为。还要加大灵活就业帮扶力度，扩大灵活就业人员临时救助和失业保险的覆盖范围。

六、增加随迁儿童和老人的看护支出

伴随着家庭化迁移流动人口的不断增多，随迁儿童和老人的看护也成为农民工群体日益关注的重点问题。儿童的学前教育可以减轻整个家庭的看护负担，但由于居住区域的学前教育资源供给不足，部分符合入学年龄的儿童未能进入幼儿园进行正规的知识学习。流入地政府应加大对学前教育的投入力度，将普惠性幼儿园建设纳入财政规划，设立专项基金支持外来务工人员的子女教育。政府要推广建立更多的暑期托管服务组织，制定托管服务注册的统一审核标准，规定合理的价格浮动区间，对于经济困难家庭可进行一定费用的减免，满足农民工家庭随迁子女就近就便的托管服务需求。由于语言和生活习惯的差异，随迁老人的社交关系发展缓慢，城市生活的存在感和归属感较低，随迁老人和本土老人在福利待遇方面也存在较大差异，大部分社区对随迁老人缺乏关注，未能实现系统的登记和管理。这就需要随迁老人不断加强自身学习，积极参与社区活动，学习新的知识和技能，提高自身素质。社区要对随迁老人的基本情况进行登记，定期组织身体检查，创造更多的交流机会，营造和谐的社区氛围。政府要将随迁老人服务费用支出纳入财政预算范围，加大对社区的财政支持力度，监督社区服务行为。

七、开发女性农民工的人力资源

举家迁移的外来务工人员有着较强的城市融入意愿，但由于自身文化和技能方面的限制，导致多数女性农民工没有能力转移到正规的劳动力市场。这就需要政府不断加大对女性农民工的培训支持力度，积极拓宽就业渠道，为女性农民工创造更多合适的就业岗位，有效地提升女性农民工的工作效率和收入水平。在举家迁移的过程中，随迁子女的照料通常由女性农民工承担，但由于工作时间限制，未成年子女的家庭教育往往被忽略。与城市工作者相比，农民工的文化水平相对较低，家庭教育观念较为落后，对随迁子女的教育重视程度不够，甚至存在家庭教育与学校教育脱节的现象。为确保农民工子女能够接受良好教育，要加强对女性外来务工人员的家庭教育培训，调动当地社区、社会组织等各方力量，建立健全农民工家庭援助机制。通过开展多种形式的培训和教育宣传活动，向女性农民工传授更多现代化教育理念和教育方法，宣传民主的家庭教育方式，营造良好的家庭交流气氛。

八、完善农村闲置宅基地有偿退出机制

宅基地退出对农村劳动力非农就业具有显著的正效应，农村人口向城镇转移会带动更多农民工的其他家庭成员向城市迁移，政府要在保证农民基本权益的基础上，加速盘活农村闲置宅基地资源，逐步完善农村闲置宅基地有偿退出机制。一是政府应加大对闲置宅基地和空心村的整治力度，通过渐进式、差别化的盘活路径，充分发掘当地的优质资源，因地制宜地采取措施，在尊重农民自身意愿的前提下，

积极引导农村闲置宅基地有偿转让。二是在宅基地退出后的补偿问题方面，政府不仅需要做好退出农民的当前利益补偿工作，还要考虑对宅基地退出农民的未来住房、就业等方面给予一定的保障，减少农民工的后顾之忧，促进其更快地融入城市生活并实现家庭化迁移。

九、保障农民工平等参与社会保险

在流入地享有社会保障，也就是参与城镇职工社会保险对农民工家庭迁移具有显著的促进作用，但农民工在参与社会保险时面临着参保意识低、缴费成本高、户籍制度限制等众多障碍。针对农民工参保率较低的问题，政府要加大社会保险在企业层面和个人层面的宣传力度，引导更多的企业参与社会保险，增强农民工对社保政策的了解，帮助农民工摆脱传统观念的束缚，变"被动参与"为"主动参与"。为了降低农民工的参保成本，缴费标准的制定应反映收入水平的差异化，同时也要加大对低收入农民工群体社会保险方面的财政补贴。要进一步完善社会保险制度，放宽参保户籍限制，提高医保统筹层次，完善医疗保险和养老保险的转移接续制度，积极引导农民工在流入地城镇参加居民社保或职工社保。

十、建立以家庭为单位的农民工信息数据平台

随着举家迁移农民工人数的日渐增多，城市农民工的家

庭发展得到了社会各界的重视，虽然目前已经建立起农民工相关数据信息平台，但信息的收集和推送缺乏家庭视角，并且各平台的信息种类和服务项目较为单一，平台功能不够健全。为提高举家迁移农民工的生活质量和管理效率，政府要推动建立统一的以家庭为单位的农民工信息数据平台。通过调动各方社会力量加快平台建设，搭建农民工、用人单位、社区、学校以及政府相关部门的信息共享网络，设立专门的平台服务部门，划分群体责任，创新发展服务方式，简化事务办理流程，提高平台管理的专业性和科学性。平台信息收集要以家庭为单位，建立城市农民工家庭档案，进行实名认证，并通过签订协议保障信息的可靠性。对农民工家庭人口数量、工作单位、就业人数、子女教育、健康状况、家庭收入、住房、医疗以及社会保障等信息进行登记，实行大数据库统一管理。同时，居民社区和用人单位要协助相关部门做好信息更新工作，保证家庭信息的时效性。要面向农民工开放求职、求学、求医、求房等服务窗口，收集农民工家庭在就业、教育、住房等有关方面的需求，依托大数据平台，遵循匹配最优化原则，为农民工家庭选择最佳施行方案，有针对性地推送服务信息。

十一、优化农民工家庭的消费结构

生活的两栖性、较大的流动性、地位的双重性和生活的脆弱性使得农民工群体形成了节俭的消费文化，生存消费被压缩、发展消费投入大，这种消费模式可概括为"省吃俭用图发展"。在这种模式下，农民工的发展消费支出压力较大，生活满意度相对较低，整体生活水平难以得到实质性的提高。为了改善农民工家庭的消费结构，提升城市生活的满意度和幸福感，除了增加农民工收入外，政府的政策和补贴要向家庭的基本发展需求倾斜，缓解生存性消费的压力。首先，要推进城市义务教育的发展，增加城镇公立学校对农民工随迁子女的学位供给，对子女在私立学校就读的农民工贫困家庭给予一定的财政救济。其次，要拓宽住房保障体系的覆盖面，将农民工群体的需求纳入其中，减轻流动人口家庭的住房负担。在医疗保障方面，城市农民工家庭的医疗费用支出要明显高于城镇居民，这与农村医保的保障水平较低以及医保的城乡接续存在障碍有关。政府要加大对农村医疗的补贴力度，推动城市与农村居民医保的有效衔接。要推动农民工家庭消费结构升级，鼓励农民工树立现代化的消费观念，在满足基本支出需求的基础上，适度增加家庭的享受型消费。

十二、建立农民工家庭城市生活成本分担机制

要统筹政府、市场、社会组织各大主体，建立农民工家庭生活成本分担机制。首先，要保证农民工主要流入地区的基本需求品的有效供给，完善城镇地区的价格监控和调整机制。其次，政府要鼓励建立"互惠型商店"，定期开展针

对农民工群体的商品促销活动，面向社会收集闲置物品，通过低价转卖的方式卖给有需要的农民工群体，降低家庭的食物支出和日用品支出成本。为了适应农民工家庭迁移对成套住房增加的新需求，部分农民工相对集中的城市要积极建设小户型租赁住房，增加房源供给，给予收入较低的农民工家庭一定比例的租用补贴，支持有条件的企业自建家庭化职工宿舍。各级政府、社会组织和企业等在随迁子女和老人的成本分担上应合理分配任务职责，统筹降低各项成本支出。要进一步细化政府对随迁子女的财政支出和教育管理责任，增加省级政府的转移支出来补偿地方县级政府的资金缺口。强调流出地政府的教育投入责任，合理负担流出人口子女的教育费用，要实现"钱随人走"。此外，要发挥社会主体的分担功能。社区、企业、民间组织等要积极开展生活帮扶、小孩照料和社区养老等服务。

十三、构建农民工家庭发展能力与发展政策评估系统

在家庭化迁移的过程中，提高家庭经济收入以及优化子女教育环境是农民工进行迁移决策的关键因素。而在移居城市之前，家庭的未来发展能力的评估在迁移决策中往往被忽视，导致部分农民工家庭在移居城市后面临着就业、住房、健康以及风险抵御等多方面的问题。这需要农民工在决策时，对各类指标进行预期，制定风险分担措施，使决策更

加理性化、科学化。首先，要构建农民工家庭发展能力评估系统，创建流动人口数据库，设置收入、就业、教育等多维度统计指标，扩大农民工群体统计覆盖范围，及时准确地进行检测，对外来务工人员家庭生活与发展现状进行评价，使之作为政府政策制定和优化的依据。其次，要制定普惠型和选择性相结合的家庭发展策略，提高农民工的事先预备型能力和事后补救型能力。比如：定期举办养老敬老活动、对新婚和准备生育的家庭进行健康生育指导、开展职业技能培训、对低收入家庭进行帮助和扶持等。

十四、保障农民工随迁亲属的合法权益

由于涉及教育、就业、医疗、养老等现实问题，农民工举家迁移并非易事，仍有大量的农民工家庭难以融入城市社会，无法享有与城镇居民同等的基本公共服务。多方面的不公正待遇和边缘化的社会地位，是影响农民工举家迁入城镇的重要原因。应继续深化户籍制度、社会保障以及基础教育等领域的改革，建立更具包容性的社会，为农民工家庭化迁移创造更有利的宏观环境。教育方面，流入地政府要积极承接农民工随迁子女的受教育工作，切实维护该群体平等接受义务教育的权利；社会保障方面，城镇医疗保险能为农民工的生活提供安全网，有效防止其因病致贫，提高其社会融入度。受到农民工健康保障意识不强、用人单位法律意识淡薄以及社会保险制度不完善等因素的制约，大部分农

民工未能参加城镇职工医疗保险。应加强对农民工的相关
教育，加大对用人单位的监管力度，做好社会保险关系转移
接续工作。

十五、加快土地流转制度建设

土地流转意味着农民工家庭生计策略的转变，是农民工
家庭完全实现市民化的必要前提。对农民工来说，转出土地
有利于增加财产性收入，弱化与乡村的联系，促进其在城市
的稳定就业。加快农村土地的三权分置改革，在保障国土资
源不流失的前提下，允许更多形式和更大范围的土地流转，
让农民工带资进城，促使其将农村土地资源置换为城镇住
房。要以进城农民工为重点，完善农村土地承包权有偿退出
机制，维护农民工的土地财产利益，加快农民工家庭的市民
化进度。一方面，完善土地流转交易平台、建立纠纷协调机
制。土地流转程序不规范、监管机制不健全以及纠纷协调困
难是导致农民土地流转意愿不高的主要原因，应通过完善
的全过程服务，保障农民合法权益，打消农民参与土地流转
的顾虑。另一方面，政府可尝试从土地流转的需求侧入手，
引导金融机构为新型农业经营主体等土地需求方提供信贷
支持，进一步激发土地流转活力。

参 考 文 献

［1］安超帆. 医疗保险参保、居住证制度与流动人口市民化意愿——基于 2017 年全国流动人口动态监测数据［J］. 调研世界，2022（9）：45－52.

［2］蔡昉. 迁移决策中的家庭角色和性别特征［J］. 人口研究，1997（2）：7－12.

［3］蔡昉. 人口迁移和流动的成因、趋势与政策［J］. 中国人口科学，1995（6）：10－12.

［4］蔡少燕. 中国人口家庭式迁移研究的知识图谱分析［J］. 世界地理研究，2022（3）：649－661.

［5］陈良敏，丁士军. 进城农民工家庭永久性迁移意愿和行为的影响因素［J］. 农业经济问题，2019（8）：117－128.

［6］陈素琼，张广胜. 城市农民工家庭化迁移模式变迁及其幸福效应——基于 CGSS 数据的追踪研究［J］. 农业技术经济，2017（8）：67－80.

［7］陈潭，李义科. 公共政策创新扩散的影响因素——基于 31 个省级居住证制度的数据分析［J］. 中南大学学报

（社会科学版），2020（5）：107 – 118.

[8] 程名望，史清华，徐剑侠．中国农村劳动力转移动因与障碍的一种解释 [J].经济研究，2006（4）：69 – 70.

[9] 程郁，叶兴庆，揭梦吟．农业转移人口市民化面临的突出问题与政策建议 [J].经济纵横，2023（6）：1 – 8.

[10] 崇维祥，杨书胜．流动人口家庭化迁移影响因素分析 [J].西北农林科技大学学报（社会科学版），2015（5）：105 – 113.

[11] 褚清华．家庭化迁移对流动人口健康的影响 [J].甘肃社会科学，2023（1）：177 – 185.

[12] 邓曲恒．农村居民举家迁移的影响因素：基于混合 Logit 模型的经验分析 [J].中国农村经济，2013（10）：17 – 29.

[13] 独旭，张海峰．子女数量对家庭经济决策的影响 [J].武汉大学学报，2018（5）：175 – 184.

[14] 段良霞．西安市随迁老人社会融入的影响因素 [J].中国老年学杂志，2018（6）：1487 – 1490.

[15] 风笑天．农村外出打工青年的婚姻与家庭：一个值得重视的研究领域 [J].人口研究，2006（1）：57 – 60.

[16] 付昌奎，邬志辉．居住证制度下随迁子女受教育权实现的法学分析——以权利的存在形态为视角 [J].教育科学，2017（4）：11 – 16.

[17] 高健，张东辉．个体迁移、家庭迁移与定居城

市：农民工迁移模式的影响因素分析 [J]. 统计与决策，2016（4）：99 - 102.

［18］勾萍. 家庭人力资本对流动人口家庭式迁移的影响研究 [D]. 武汉：华中科技大学，2018.

［19］郝翠红. 家庭化流动对流动人口就业和收入影响的性别差异 [J]. 未来与发展，2018（6）：49 - 53.

［20］洪小良. 城市农民工的家庭迁移行为及影响因素研究——以北京市为例 [J]. 中国人口科学，2007（6）：42 - 50.

［21］黄晨熹. 城市外来人口居留意愿的影响因素研究：以苏州市为例 [J]. 西北人口，2011（6）：23 - 30.

［22］黄造玉，徐晓新，李升. 哪些因素对流动人口落户意愿的影响更大？——基于随机森林的变量重要性排序 [J]. 中国软科学，2023（4）：76 - 85.

［23］纪月清，刘迎霞，钟甫宁. 家庭难以搬迁下的中国农村劳动力迁移 [J]. 农业技术经济，2010（11）：4 - 12.

［24］姜春云. 家庭化迁移对农民工健康的影响机制研究——基于 CMDS 2017 数据的实证分析 [J]. 兰州学刊，2023（3）：98 - 111.

［25］姜春云，谭江蓉. 家庭化迁移对流动女性就业质量的影响及其作用机制 [J]. 人口与社会，2021（5）：64 - 77.

［26］雷万鹏，徐璐. 城镇化背景下农民工子女就学地

选择意愿及其影响因素研究 [J]. 华中师范大学学报，2016（6）：150 – 158.

[27] 李帆，冯虹. 土地资源禀赋对农业转移人口进城落户意愿的影响研究 [J]. 农业现代化研究，2021（3）：441 – 450.

[28] 李芳燕. 随迁老人主观幸福感及其影响因素研究 [D]. 昆明：云南师范大学，2016.

[29] 李辉，韩慧连，张铭轩. 家庭化流动人口城市融入的影响机制与实现路径 [J]. 学习与探索，2023（3）：17 – 26.

[30] 李吉品，郭晓光. 东北跨省流出人口的家庭化迁移及其影响因素研究 [J]. 人口学刊，2018（2）：105 – 113.

[31] 李立，张兆年，张春兰. 随迁老人的精神生活与社区融入状况的调查研究——以南京市为例 [J]. 法治社会，2011（31）：185 – 186.

[32] 李强. "双重迁移" 女性的就业决策和工资收入的影响因素分析——基于北京市农民工的调查 [J]. 中国人口科学，2012（5）：104 – 110.

[33] 李珊. 城市化进程中移居老年人的问题研究 [J]. 济南大学学报，2010（6）：71 – 74.

[34] 李天娇，王堃，韩艳丽. 家庭化迁移与乡城流动人口的多维度社会融入——基于三类迁移模式社会融入的比较 [J]. 燕山大学学报（哲学社会科学版），2023（3）：54 – 62.

[35] 李艳，齐亚. 相对收入水平对流动人口定居意愿的影响 [J]. 西北人口，2022（2）：57 – 61.

[36] 李瑶玥，任远. 家庭化迁移对流动人口社会融合的影响及其异质性分析 [J]. 人口与发展，2021（3）：18 – 31.

[37] 李勇辉，李小琴，沈波澜. 安居才能团聚？——保障性住房对流动人口家庭化迁移的推动效应研究 [J]. 财经研究，2019（12）：32 – 45.

[38] 李勇辉，刘南南，李小琴. 农地流转、住房选择与农民工市民化意愿 [J]. 经济地理，2019（1）：165 – 174.

[39] 梁辉，胡健，杨云彦. 迁移模式对农民工人际网络构建的影响研究 [J]. 人口与发展，2014（2）：44 – 52.

[40] 梁土坤. 居住证制度、生命历程与新生代流动人口心理融入——基于2017年珠三角地区流动人口监测数据的实证分析 [J]. 公共管理学报，2020（1）：96 – 109.

[41] 梁土坤. 流动人口定居意愿影响因素分析 [J]. 人口与社会，2016（2）：69 – 74.

[42] 梁土坤. 流动人口生育意愿：居住证的影响及机制 [J]. 青年研究，2022（2）：26 – 40.

[43] 林李月，朱宇，柯文前，等. 基本公共服务对不同规模城市流动人口居留意愿的影响效应 [J]. 地理学报，2019（4）：737 – 752.

[44] 林龙飞，陈传波. 跨越户籍界限的"绿卡"：居

住证对农村流动人口城市融入的影响 [J]. 人口与发展，2022（4）：39-49.

[45] 林龙飞，祝仲坤. 户籍改革的"标配"：居住证何以影响农民工就业质量？[J]. 宏观质量研究，2022（5）：67-78.

[46] 林赛南，梁奇，李志刚，等."家庭式迁移"对中小城市流动人口定居意愿的影响——以温州为例 [J]. 地理研究，2019（7）：1640-1650.

[47] 林燕，张忠根. 孤身外出还是举家迁移？——制度对劳动力家庭迁移决策的影响分析 [C].2010年（第十届）中国制度经济学年会论文集，2010：455-469.

[48] 刘宝香. 产城融合视角下我国城市低成本住房制度研究——基于农业转移人口家庭化迁移消费效应作用渠道的分析 [J]. 经济问题探索，2016（4）：72-78.

[49] 刘传江，赵晓梦. 长江经济带全要素碳生产率的时空演化及提升潜力 [J]. 长江流域资源与环境，2016（11）：1635-1644.

[50] 刘刚，许维胜. 基于人才供给分析的居住证积分制度优化策略 [J]. 上海大学学报（自然科学版），2019（4）：636-644.

[51] 刘欢，席鹏辉. 户籍管制与流动人口家庭化迁移——基于2016年流动人口监测数据的经验分析 [J]. 经济与管理研究，2019（11）：82-95.

[52] 刘金凤，魏后凯. 城市高房价如何影响农民工的

定居意愿 [J]. 财贸经济, 2021 (2): 134 – 148.

[53] 刘庆, 陈世海. 随迁老人精神健康状况及影响因素分析——基于深圳市的调查 [J]. 中州学刊, 2015 (11): 73 – 77.

[54] 刘庆. 文化适应与精神健康——基于对深圳市随迁老人的问卷调查 [J]. 四川行政学院学报, 2018 (3): 93 – 99.

[55] 刘同山, 孔祥智. 家庭资源、个人禀赋与农民的城镇迁移偏好 [J]. 中国人口·资源与环境, 2014 (8): 73 – 80.

[56] 刘晓雪. "老漂族" 的养老问题初探 [J]. 改革与开放, 2012 (13): 36 – 37.

[57] 刘雅婷, 黄健. 心理资本对农民工城市融入的作用机制及教育规导路径 [J]. 现代远程教育研究, 2018 (3): 49 – 58.

[58] 刘燕. 新生代农民工家庭式迁移城市意愿影响因素研究——以西安市为例 [J]. 统计与信息论坛, 2013 (11): 107 – 109.

[59] 龙志和, 陈芳妹. 土地禀赋与农村劳动力迁移决策研究 [J]. 华中师范大学学报 (人文社会科学版), 2007 (3): 11 – 17.

[60] 卢海阳, 李祖娴. 迁移模式、市民化意愿与农民工消费——基于 2016 年福建省的调查数据 [J]. 调研世界, 2018 (9): 19 – 26.

[61] 卢海阳，钱文荣，马志雄．家庭式迁移女性农民工劳动供给行为研究［J］．统计调查与分析，2013（9）：100－106.

[62] 卢雪澜，邹湘江，杨胜慧．居住证影响了流动人口的城市认同感吗？——基于随机森林算法与中介效应模型的实证研究［J］．福建论坛（人文社会科学版），2021（4）：189－200.

[63] 陆铭，陈钊．城市化、城市倾向的经济政策与城乡收入差距［J］．经济研究，2004（6）：51－57.

[64] 罗丽，李晓峰．个人工资水平，家庭迁移特征与农民工城市消费——留城意愿的调节和中介作用分析［J］．农业技术经济，2020（3）：56－69.

[65] 罗丽，李晓峰．进城农民工家庭化迁移对城镇地区消费不平等的影响——基于家庭异质性的研究［J］．经济经纬，2021（3）：24－33.

[66] 马瑞，章辉，张森，等．农村进城就业人员永久迁移留城意愿及社会保障需求——基于四省农村外出就业人口的实证分析［J］．农业技术经济，2011（7）：55－65.

[67] 梅建明，刘丰睿．公共服务、居住证制度与农业转移人口消费［J］．财政科学，2023（2）：41－57.

[68] 苗海民，张顺莉，朱俊峰．农民工家属选择性迁移对土地流转的影响——基于中国流动人口动态监测调查数据的经验分析［J］．中国农村经济，2021（8）：24－42.

[69] 苗海民，朱俊峰．天性VS理性：家属迁移对农民

工居留意愿的影响研究 [J]. 财贸研究, 2021 (1): 38 - 51.

[70] 聂伟, 贾志科. 过渡抑或替代: 居住证对农民工城镇落户意愿的影响 [J]. 南通大学学报 (社会科学版), 2021 (3): 89 - 99.

[71] 潘鸿雁. 居住证积分制调控与流动人口家庭社会服务体系建设 [J]. 上海行政学院学报, 2017 (1): 73 - 82.

[72] 潘允康. 家庭社会学 [M]. 北京: 中国审计出版社, 2002: 108 - 140.

[73] 钱雪亚, 胡琼, 苏东冉. 公共服务享有、居住证积分与农民工市民化观察 [J]. 中国经济问题, 2017 (5): 47 - 57.

[74] 钱泽森, 朱嘉晔. 农民工的城市融入: 现状、变化趋势与影响因素——基于 2011—2015 年 29 省农民工家庭调查数据的研究 [J]. 农业经济问题, 2018 (6): 74 - 86.

[75] 乔晓春. 户籍制度、城镇化与中国人口大流动 [J]. 人口与经济, 2019 (5): 1 - 17.

[76] 任远. 家庭为中心的迁移及提高迁移者家庭福利的政策分析 [J]. 社会科学, 2020 (9): 73 - 84.

[77] 商春荣, 虞芹琴. 农民工的迁移模式研究 [J]. 华南农业大学学报, 2015 (1): 68 - 78.

[78] 尚越, 石智雷. 城乡迁移与农民工心理健康——基于中国劳动力动态调查数据的分析 [J]. 西北人口, 2020 (4): 104 - 113.

[79] 邵岑，张翼．"八零前"与"八零后"流动人口家庭迁徙行为比较研究 [J]．青年研究，2012 （4）：1 – 11.

[80] 石智雷，杨云彦．家庭禀赋、家庭决策与农村迁移劳动力回流 [J]．社会学研究，2012 （3）：157 – 181.

[81] 史学斌，熊洁．家庭视角下的农民工城市融合及其影响因素研究 [J]．人口与发展，2014 （5）：42 – 51.

[82] 宋锦，李实．农民工子女随迁决策的影响因素分析 [J]．中国农村经济，2014 （10）：48 – 61.

[83] 宋丽敏，张铭志．东北地区人口流动、居留及落户意愿的影响因素分析 [J]．人口与发展，2022 （1）：151 – 160.

[84] 宋全成，封莹．家庭化流动对流动人口就业的影响——基于2016 年全国流动人口动态监测数据的分析 [J]．学习与实践，2019 （8）：34 – 46.

[85] 宋旭光，何佳佳．家庭化迁移经历对代际流动性的影响 [J]．中国人口科学，2019 （3）：92 – 102.

[86] 苏红键．中国流动人口城市落户意愿及其影响因素研究 [J]．中国人口科学，2020 （6）：66 – 77.

[87] 孙林，田明．流动人口核心家庭的迁移模式分析——基于家庭生命周期的视角 [J]．人文地理，2020 （5）：18 – 24.

[88] 孙伟，夏锋．以居住证制度取代城乡二元户籍制度的改革路径研究 [J]．经济体制改革，2018 （4）：26 – 30.

［89］孙战文.农民工家庭成员有序迁移与代际迁移分析——基于 Cox 比例风险模型［J］.农业技术经济，2013（9）：76－85.

［90］孙战文，杨学成.市民化进程中农民工家庭迁移决策的静态分析——基于成本—收入的数理模型与实证检验［J］.农业技术经济，2014（7）：36－48.

［91］孙战文，张菡冰.农业转移人口家庭成员动态迁移研究［J］.东岳论丛，2019（10）：46－51.

［92］檀学文.为什么多数农民工子女留守而不流动［J］.农业技术经济，2014（7）：17－26.

［93］唐震，张玉洁.城镇化进程中农民迁移模式的影响因素分析——基于江苏省南京市的实证分析［J］.农业技术经济，2009（4）：4－11.

［94］田明，刘悦美.基于户籍类型比较的流动人口城市落户意愿影响机制研究［J］.地理科学，2021（2）：261－270.

［95］田明，徐庆文.流动人口居留意愿的梯次关系与决定机制［J］.地理学报，2023（6）：1376－1391.

［96］田艳平.家庭化与非家庭化农民工的城市融入比较研究［J］.农业经济问题，2014（12）：53－61.

［97］王春超，张呈磊.子女随迁与农民工的城市融入感［J］.社会学研究，2017（2）：199－224.

［98］王春光.新生代农村流动人口的社会认同与城乡融合的关系［J］.社会学研究，2001（3）：63－76.

[99] 王丹丹. 城市随迁老人社会支持网络构建的社会工作实务探究——以郑州市 F 社区为例 [D]. 郑州：郑州大学，2017.

[100] 王珩，龚岳. 中国流动人才居留意愿和时长的空间分布及影响因素 [J]. 地理科学，2023（1）：61－71.

[101] 王洁晶，张沐华. 中国流动人口市民化：理论、概念、影响因素与制度创新 [J]. 西北师大学报（社会科学版），2023（5）：135－144.

[102] 王捷凯，叶玲，宋伟轩，等. 中国城市流动人口住房负担与迁移的时空分异格局研究 [J]. 华中师范大学学报（自然科学版），2023（7）：1－16.

[103] 王洛忠，崔露心. 居住证制度对家庭化迁移的政策效应与影响机制研究 [J]. 北京行政学院学报，2022（2）：100－109.

[104] 王文刚，孙桂平，张文忠，等. 京津冀地区流动人口家庭化迁移的特征与影响机理 [J]. 中国人口·资源与环境，2017（1）：137－145.

[105] 王志理，王如松. 中国流动人口带眷系数及其影响因素 [J]. 人口与经济，2011（6）：9－16.

[106] 吴帆. 中国流动人口家庭的迁移序列及其政策涵义 [J]. 南开学报（哲学社会科学版），2016（4）：103－110.

[107] 肖倩. 城乡制度一体化：破解农民工市民化进程中的制度性障碍 [J]. 中共浙江省委党校学报，2016

（2）：91 – 98.

[108] 谢宝富，田星雨. 超大城市的基本权益型居住证：制度功能与限度 [J]. 北京行政学院学报，2023（2）：58 – 66.

[109] 谢宝富，袁倩. 京、穗、深流动人口居住证办理意愿研究 [J]. 北京联合大学学报（人文社会科学版），2019（3）：107 – 115.

[110] 熊景维，钟涨宝. 农民工家庭化迁移中的社会理性 [J]. 中国农村观察，2016（4）：40 – 96.

[111] 徐藜阳. 流动人口的迁移模式与市民化 [J]. 当代财经，2021（8）：3 – 14.

[112] 徐愫，田林楠. 流动模式对流动人口收入影响的性别差异 [J]. 河海大学学报，2016（18）：65 – 70.

[113] 徐美银. 农民工市民化、产权结构偏好与农村土地流转——基于江苏、浙江、湖北、四川调查数据的分析 [J]. 社会科学，2019（6）：48 – 62.

[114] 许加明. "老漂族"的社会融入困境及出路探析——基于江苏省 H 市的调查与分析 [J]. 社会福利，2017（8）：56 – 61.

[115] 许经勇. 居住证制度的过渡性特征及改革路径 [J]. 湖湘论坛，2020（2）：81 – 87.

[116] 闫伯汉. 乡城流动与儿童认知发展：基于2012年中国城镇化与劳动移民调查数据的分析 [J]. 社会，2017（4）：59 – 89.

［117］杨富平．流动人口居住证积分制的变迁［J］．文化纵横，2018（1）：17．

［118］杨菊花．浅议《居住证暂行条例》与户籍制度改革——兼论居住证与新型城镇化［J］．东岳论丛，2017（3）：58 - 66．

［119］杨菊华，陈传波．流动人口家庭化的现状与特点：流动过程特征分析［J］．人口与发展，2013（3）：2 - 13．

［120］杨俊峰．中国特色社会主义先行示范区一体化居住证管理制度立法研究［J］．广西社会科学，2020（7）：123 - 128．

［121］杨胜利，王艺霖．流动人口就业稳定性与收入差异——基于异质性视角的分析［J］．重庆工商大学学报（社会科学版），2021（6）：39 - 49．

［122］杨永贵，邓江年．家庭化流动对农民工城市消费的影响效应——基于 CHIP 2013 数据的微观实证［J］．经济体制改革，2017（6）：91 - 97．

［123］姚兆余，王鑫．城市随迁老人的精神生活与社区融入［J］．社会工作，2010（9）：43 - 45．

［124］叶兴庆，张云华，伍振军，等．农业农村改革若干重大问题研究［M］．北京：中国发展出版社，2018：132 - 150．

［125］尹木子．家庭迁移背景下农民工工作满意度研究［J］．北京社会科学，2015（11）：24 - 30．

［126］于晓娜，刘春文．随迁老人焦虑抑郁状况及心理干预对其影响研究［J］．影像研究与医学应用，2018（9）：218－220．

［127］原新利．居住证制度的民生保障功能与局限：以公民社会权为分析路径［J］．河北法学，2019（2）：178－187．

［128］岳宗朴，刘彩．医疗保险对流动人口社会融入的影响及对策——基于制度效应评估与作用机制分析［J］．浙江树人大学学报，2022（5）：25－32．

［129］曾永明．子女随迁的父代工资效应及其性别异质性研究［J］．华东师范大学学报，2020（4）：156－169．

［130］张保仓，曾一军．流动人口家庭化迁移模式的影响因素——基于河南省流动人口监测数据［J］．调研世界，2020（12）：31－37．

［131］张广胜，郭江影，江金启．社会保障对农民工家庭城市生活消费的影响——以举家迁移农民工家庭为例［J］．统计与信息论坛，2016（12）：87－94．

［132］张华．农民工家庭城市融入的制约因素与对策分析［J］．经济体制改革，2013（2）：80－84．

［133］张莉，何晶，马润泓．房价如何影响劳动力流动？［J］．经济研究，2017（8）：155－170．

［134］张连刚，史晓珂，彭志远．社会网络何以提升农民工城市定居意愿［J］．湖南农业大学学报（社会科学版），2023（1）：64－73．

［135］张敏，郑晓敏，卢海阳．迁移模式对农民工市民化意愿的影响研究——基于福建省 2635 名农民工的实证分析［J］．调研世界，2020（9）：55－60．

［136］张文宏，周思伽．迁移融合，还是本土融合——农民工社会融合的二重性分析［J］．湖南师范大学社会科学学报，2013（5）：81－89．

［137］张祥晶．地方实践的"双重选择"对居住证制度目标的偏离和应对——以深圳、武汉、杭州和成都为例［J］．贵州社会科学，2021（6）：66－74．

［138］张新文．城市社区中随迁老人的融入问题研究——基于社会记忆与社区融入的二维分析框架［J］．青海社会科学，2014（6）：88－94．

［139］张月．随迁老人心理健康状况及其影响因素分析——基于北京市某区县的调查研究［J］．劳动保障世界，2017（33）：20－22．

［140］张展新．持有居住证人口参加城乡居民基本医疗保险：大城市政策差异与"积极省会"解释［J］．社会保障评论，2021（2）：81－92．

［141］赵安琪，吕康银．家庭禀赋对劳动力流动性、家庭化迁移的影响机制与效果研究［J］．宏观经济研究，2022（12）：67－82．

［142］周闯．农民工的工作稳定性与永久迁移意愿［J］．人口与发展，2022（5）：148－160．

［143］周春山，赖舒琳，袁宇君．珠三角流动人口家

庭化迁移特征及影响因素研究——基于家庭生命周期视角
[J]. 人文地理，2020（3）：29 - 36.

[144] 周皓，刘文博. 流动人口的流入地选择机制
[J]. 人口研究，2022（1）：37 - 53.

[145] 周皓. 省际人口迁移中的老年人口 [J]. 中国人口科学，2002（2）：35 - 41.

[146] 周皓. 中国人口迁移的家庭化趋势及影响因素分析 [J]. 人口研究，2004（6）：60 - 69.

[147] 周建华，周倩. 高房价背景下农民工留城定居意愿及其政策含义 [J]. 经济体制改革，2014（1）：77 - 81.

[148] 周静，高颖. 基本公共服务供给对流动人口家庭化迁移的影响——基于流出与流入视角 [J]. 城市发展研究，2021（12）：37 - 44.

[149] 周密，张广胜，杨肖丽，等. 城市规模、人力资本积累与新生代农民工城市融入决定 [J]. 农业技术经济，2015（1）：54 - 63.

[150] 朱明芬. 农民工家庭人口迁移模式及影响因素分析 [J]. 中国农村经济，2009（2）：67 - 76.

[151] 朱农. 论收入差距对中国乡城迁移决策的影响
[J]. 人口与经济，2002（5）：12 - 14.

[152] 祝仲坤，陶建平，冷晨昕. 迁移与幸福 [J]. 南方经济，2019（3）：90 - 110.

[153] 邹湘江. 居住证制度全面实施的问题探讨——

基于武汉市 1095 个流动人口样本的调研分析 ［J］. 调研世界，2017（3）：10 - 14.

［154］邹湘江. 流动人口居住证制度的历史与现实："变通"与"通变"［J］. 社会建设，2021（5）：32 - 44.

［155］邹湘江，吴丹. 居住证制度中流动人口负面权利清单赋权模式研究［J］. 中国人力资源开发，2020（4）：94 - 104.

［156］邹一南. 购房、城市福利与农民工落户意愿［J］. 人口与经济，2021（3）：35 - 51.

［157］邹一南. 农民工市民化困境与新一轮户籍制度改革反思［J］. 江淮论坛，2020（4）：54 - 61.

［158］邹一南. 农民工自雇就业与举家迁移［J］. 经济经纬，2023（1）：57 - 67.

［159］邹一南. 推进基本公共服务常住人口全覆盖［J］. 宏观经济管理，2023（4）：13 - 21.

［160］AUER D，SCHAUB M. Returning from greener pastures? How exposure to returnees affects migration plans ［J］. World Development，2023，169（9）：10 - 29.

［161］BAGNE D. Principles of demography ［M］. Geoforum，1969：753 - 755.

［162］CAILHOL J，LEBON M C，SHERLAW W. Will my patients get their residence permit? A critical analysis of the ethical dilemmas involved in writing medical certificates for residence permits in France ［J］. BMC Medical Ethics，2020，21

（1）：1 - 10.

［163］CHEN SHEN, YANG WANG, JIAN ZUO, et al. Leave or stay? Antecedents of high-level talent migration in the Pearl River Delta megalopolis of China：from a perspective of regional differentials in housing prices ［J］. Chinese Geographical Science, 2023, 19（1）：1 - 16.

［164］CHUMKY T, BASU M, ONITSUKA K, et al. How do left-behind families adapt to the salinity-induced male out-migration context? A case study of Shyamnagar sub-district in coastal Bangladesh ［J］. Sustainability, 2023, 15（3）：27 - 56.

［165］DÍAZ DE LEÓN A. Family dynamics, violence and transit migration through Mexico ［J］. Third World Quarterly, 2023, 44（8）：1 - 15.

［166］DONGFANG WANG, ZIJUAN MA, YUNGE FAN, et al. Associations between family function and non-suicidal self-injury among Chinese urban adolescents with and without parental migration ［J］. Child Psychiatry & Human Development, 2023, 5（8）：1 - 11.

［167］GARRIGA C, AARON HEDLUND, YANG TANG, et al. Rural-urban migration, structural transformation, and housing markets in China? ［J］. American Economic Journal – Macroeconomics, 2023, 15（2）：413 - 440.

［168］GEORGIADOU E, SCHMITT G M, ERIM Y. Does

the separation from marital partners of Syrian refugees with a residence permit in Germany have an impact on their quality of life? [J]. Journal of Psychosomatic Research, 2020, 13 (6): 65 – 73.

[169] HAOCHUAN XU, HAN YANG, HUI WANG, et al. The association of residence permits on utilization of health care services by migrant workers in China [J]. International Journal of Environmental Research and Public Health, 2021, 18 (18): 23 – 30.

[170] LEE E S. A theory of migration [J]. Demography, 1966, 3 (1): 47 – 57.

[171] LEI LIU. The patriarchal trap: the village wives left behind amid Chinese rural-urban migration [J]. SAGE Open, 2023, 13 (1): 1 – 10.

[172] LIVERSAGE A. Care arrangements between family and state-developing hybrid scripts of ageing in a context of migration [J]. Ageing & Society, 2023, 6 (4): 1 – 23.

[173] MOSKAL M, TYRRELL N. Family migration decision-making, step-migration and separation: children's experiences in European migrant worker families [J]. Children's Geographies, 2016, 14 (4): 453 – 467.

[174] NÄRE L, BENDIXSEN S, MAURY O. Creating a future while waiting for a residence permit: temporary and irregular migrants in informal social infrastructures [J]. European

Journal of Social Work, 2022, 25 (8): 1 – 13.

[175] PU HAO, SHUANGSHUANG TANG. Migration and consumption among poor rural households in China [J]. Habitat International, 2023, 137 (21): 10 – 28.

[176] PURKAYASTHA D, BIRCAN T. Present but not counted: highly skilled migrant women in Belgium [J]. Journal of Ethnic and Migration Studies, 2023, 49 (1): 294 – 312.

[177] QUOC A N, NGUYEN NN A. Entrepreneurship, family and migration: a systematic literature review on Vietnamese migrant entrepreneurship [J]. Journal of Enterprising Communities: People and Places in the Global Economy, 2021, 17 (1): 125 – 157.

[178] SEN LI, HENGYU GU, JIANFA SHEN. Detecting spatial heterogeneity in the determinants of intercity migration in China [J]. Population Space And Place, 2023, 29 (3): 2 – 15.

[179] STARK O, BLOOM D E. The new economics of labor migration [J]. The American Economic Review, 1985, 75 (2): 173 – 178.

[180] UDDIN I O, ORI O E, IGBOKWE E M. Patterns of international migration among rural households in Edo state, Nigeria [J]. Geoadria, 2023, 28 (1): 25 – 42.

[181] VASIL S. "I came here, and it got worse day by day": examining the intersections between migrant precarity and

family violence among women with insecure migration status in Australia [J]. Violence Against Women, 2023, 13 (9): 1 – 29.

[182] VILLALOBOS C, RIQUELME A. Household constraints and dysfunctional rural-urban migration [J]. Economic Analysis and Policy, 2023, 78 (34): 1070 – 1088.

[183] WEBER R, SAARELA J. Who migrates and who returns in a context of free mobility? An analysis of the reason for migration, income and family trajectories [J]. European Journal of Population, 2023, 39 (1): 17 – 45.

[184] WEIBO YAN, NIE P. Child education-induced migration and its impact on the economic behaviors of migrated households in China [J]. Applied Economics, 2023, 55 (7): 691 – 709.

[185] WHITE M, LIANGLIANG SUN, LEIWEN JIANG. Changes in migration determinants along the urban hierarchy in China [J]. Asian Population Studies, 2023, 15 (2): 16 – 27.

[186] XIAOHE ZHOU, MINGDA CHENG, CHUNHUI YE. The impact of household migration on the intergenerational educational mobility: based on the perspective of adolescent development [J]. International Journal of Environmental Research and Public Health, 2023, 20 (6): 25 – 48.

[187] XINYUE WANG, HAFT S L, QING ZHOU. Rea-

sons for migration, post-migration sociocultural characteristics, and parenting styles of Chinese American immigrant families [J]. Children, 2023, 10 (4): 612 – 622.

[188] ZAI LIANG, YUANFEI LI, ZHONGSHAN YUE. Parental migration, children and family reunification in China [J]. Population, Space and Place, 2023, 29 (5): 26 – 53.

后　记

　　随着时代进步和社会发展，我国人口迁移的空间流动性迅速提升，以人口高频率、大规模流动为标志的"迁徙中国"形态已成为新时代人口发展的重要特征。其中，作为改革开放和工业化、城镇化进程中涌现的一支新型劳动大军，农民工为推动我国经济快速发展、促进社会结构转型做出了巨大贡献，但在分享城市经济发展成果、追求美好幸福生活的流动过程中，时常处于产业边缘、城乡边缘、体制边缘的尴尬境地。特别是随着时代的发展，赚钱不再是农民工外出务工的唯一目的，在获取更多经济收入的同时，越来越多的农民工开始日益注重家庭团聚、子女教育以及家庭幸福的改善和提高，其"候鸟式"流动向举家迁徙式流动转变的趋势越发明显。在此背景下，如何促进农民工家庭与居留城市经济共生、社会交往和文化融合等受到各界广泛关注。基于此，本书结合安徽省流动人口动态监测和农民工家庭调查数据，研究了农民工家庭化迁移情况，以便为相关研究与决策提供参考。

　　伴随本书构思、酝酿、撰写到修改成稿，作者深感我国在提升农民工城市融入、增进农民工家庭和谐幸福方面仍任重道远，也自觉本书研究内容有待进一步深化。国际经验表明，由工业化引起的城市化是近代所有传统社会迈向现代社会的必由之路，城市化水平已经成为当下衡量一个国家现代化程度最重要的标志之一。而中国的城市化速度却明显滞后于工业化，从世代躬耕土地上解脱出来的亿万农民虽然冲破城乡阻隔、潮水般地涌入城市，但是还有待被城市完全吸纳。农民工每年周而复始地像候鸟般地迁徙流动，并逐渐演化成为处于城乡两种文化之间的边缘群体。当然，这种群体边缘的现象绝非我国独有，但无论从形成的原因、存在现状或是演化趋势来看，我国都既不同于早期的西方工业化国家，也不同于当代的其他发展中国家。这使得研究我国当代农民工流动，特别是家庭化迁移问题，不仅有助于深化对我国城市化特征和人口高质量发展的理解，更重要的是能够帮助我们认识并把握这一社会群体的特征和属性，以及他们在当前社会结构中所处的位置与发展趋势。

此外，本书的完成还得到众多同仁和团队师生的支持与帮助，借此机会向他们表示衷心的感谢。其中，黄浩、李金花、张哲柠、曾子怡、文维、宓怡秦等同学做了大量且优秀的助研工作，刘士栋老师撰写了不少于5万字的内容，在这里向他们表示感谢。同时，也感谢为此书出版发行而做出大量有益工作的编校老师。此外，本书还汲取和引用了国内外许多专家学者的研究成果，并尽可能在书中作了说明和注释，在此对有关专家学者一并表示感谢。由于作者学识有限，谬误之处在所难免，恳请专家学者指正。

作者
2024 年 3 月 18 日